König/Fietzek

Gut essen Parkinson

Julia König
Dr. med. Urban Fietzek

Gut essen
Parkinson

120 Rezepte: die medikamentöse Therapie unterstützen und den Körper beweglich halten

TRIAS

Bircher Müsli, S. 52

Mediterrane Lachspäckchen, S. 94

Rund um Parkinson

Gesund und vollwertig essen bei Parkinson

Das Rezept zum Coverfoto finden Sie auf S. 9

Rezepte – kunterbunt und abwechslungsreich

Nudelsalat mit Thunfisch und fruchtigen Tomaten, S. 65

Süßkartoffel-Brownies, S. 133

Liebe Leserinnen und Leser,

wir, Autorin und Autor des Buches, möchten Ihnen ein paar persönliche Worte mit auf den Weg geben, die uns aus unserer Zusammenarbeit heraus für Sie wichtig erscheinen.

Seit 2008 arbeite ich, Julia König, nun schon in verschiedenen Positionen mit Parkinsonpatienten. In diesen vielen Jahren haben mich immer wieder Fragen zu einer gesunden Lebensweise trotz und gerade mit Parkinsonerkrankung erreicht. Viele konnte ich durch meine langjährige Erfahrung als Krankenschwester beantworten. Bei tiefergehenden Fragen speziell zum Thema Ernährung war ich allerdings häufiger überfragt. Das war der Startschuss für ein weiteres Kapitel in meinem Leben: Ich absolvierte eine Ausbildung zur ganzheitlichen Ernährungsberaterin.

Bei meinen Recherchen fiel mir auf, dass es im deutschsprachigen Raum bislang keinerlei Kochbücher mit Ratgeberanteil für Parkinsonpatientinnen und -patienten gab. Somit war die Idee zu diesem Buch geboren. Um das Thema auch aus ärztlicher Sicht zu beleuchten, habe ich einen sehr renommierten Neurologen aus München, Herrn Dr. Urban Fietzek, gebeten, den entsprechenden Teil des Buches zu übernehmen. Herrn Dr. Fietzek und mich verbinden viele Jahre gemeinsamer Arbeit in einer Münchner Parkinsonklinik, aber auch eine langjährige, sehr wertschätzende Freundschaft. Wann auch immer in meinem heutigen privaten und beruflichen Umfeld Fragen zum Thema Parkinson aufkamen, Dr. Fietzek konnte immer eine Antwort geben.

Und so bin ich sehr froh, dass ich ihn für den Beitrag gewinnen konnte und wir gemeinsam Anhaltspunkte, Wissen, Freude am Kochen, aber vor allem Möglichkeiten zum bewussteren Umgang mit Lebensmitteln im Zusammenhang mit der Parkinsonerkrankung vermitteln können. So kann es gelingen, die Parkinsonsymptome besser in den Griff zu bekommen und den Tag wieder etwas planbarer zu machen.

Unsere Rezepte sind größtenteils einfach gehalten, die Gerichte sind gesund und schmecken wunderbar. Trauen Sie sich also, Freunde und Familie zum Essen einzuladen und für sie ein köstliches Gericht zuzubereiten. Denn in Gesellschaft ist jede Mahlzeit doppelt so lecker.

Zu guter Letzt wünsche ich Ihnen viel Freude beim Kochen und Essen. Es würde mich freuen, wenn der eine oder andere, der dieses Buch liest, sich mit den Informationen gut genährt fühlt und sich auf diesem Weg ein Stück Lebensqualität zurückerobern kann. In diesem Sinne darf ich dem Leser und der Leserin einen guten und gesunden Appetit wünschen!

Im Herbst 2021, Julia König

Liebe Leserinnen und Leser,

der Grund, aus dem Sie dieses Buch in Händen halten, ist vermutlich, dass Sie selbst an Parkinson erkrankt sind bzw. jemanden kennen oder mit jemandem leben, der eine Parkinsondiagnose erhalten hat. Und dass Sie gehört haben, selbst spüren oder schon wissen, dass die Ernährung bei dieser Erkrankung eine wichtige Rolle spielen kann.

Ein guter Appetit ist schon immer der beste Grund für ein Festmahl gewesen. Essen und Ernährung sind ein wichtiger, sogar unverzichtbarer Aspekt der Lebensgestaltung, den Sie selbst autonom bestimmen und planen können. Tatsächlich gibt es eine Reihe von hervorragenden Gründen, aus denen sich gerade Parkinsonpatienten um Ernährung, Essen und Kochen kümmern sollten.

Ich habe erstmalig 1997 in der Sektion Bewegungsstörungen der Abteilung Neurologie der Columbia University in New York erlebt, dass die spezialisierte Behandlung von Menschen mit Bewegungsstörungen eine Welt für sich ist und immer neue Fragen und Themen aufgeworfen werden, je mehr man etwas versteht. Diese Welt hat zumindest mich nicht mehr losgelassen. So wird es Ihnen vielleicht auch mit dem hier behandelten Thema ergehen.

Zum Thema Parkinson und Essen gehört unter anderem der wichtige Punkt, dass das Hauptmedikament bei der Parkinsonbehandlung Levodopa (L-DOPA) selbst fast ein Nahrungsmittel ist und Sie als Patient oder Patientin daher verstehen sollten, was es für Auswirkungen hat. Zudem ist Parkinson nicht ausschließlich eine motorische Krankheit, sondern kann auch das autonome Nervensystem, also z. B. auch die Steuerung des Speiseröhre-Magen-Darm-Trakts, betreffen. Und hiervon werden natürlich auch Nahrungsaufnahme und Ernährung beeinflusst.

In meiner beruflichen Laufbahn habe ich immer wieder Menschen kennengelernt, die aufgrund fehlender Informationen über den Zusammenhang zwischen Parkinson und Ernährung an mehr und stärker ausgeprägten Symptomen leiden. Einfache Zusammenhänge zu verstehen und sich danach zu richten kann bereits günstige Veränderungen bewirken.

Mit der Herausgeberin des Buches, Julia König, bin ich seit Jahren gut befreundet und wir haben gemeinsam viele Menschen mit Parkinson begleitet. Daher habe ich mich geehrt gefühlt, als Julia mich bat, den aufklärenden Teil des Buches zu übernehmen und einen – hoffentlich – verständlichen Text zu produzieren, der die ärztliche Perspektive auf das Thema Parkinson und gutes Essen darzustellen vermag, ohne einem empfindlichen Magen den Appetit zu verderben!

Ich würde mich sehr freuen, wenn ich auf diesem unkonventionellen Weg meinem ärztlichen Auftrag, Menschen mit Parkinson zu mehr Lebensqualität zu verhelfen, entsprechen könnte.

Urban Fietzek

Mein ausgewogener Tag

Morgens

Winterliche Overnight-Oats

Für 2 Portionen • mäßiger Eiweißanteil
10 Min. + 8–10 Std. Quellzeit

1 großer Apfel • 100 g Haferflocken, kernig oder zart • 1 TL Leinsamen • Prise Zimt • 200 ml Apfelsaft, naturtrüb • 6–8 Zwetschgen • 3 EL Mandelstifte • 2 EL Honig oder Agavendicksaft

- Apfel waschen und mit Schale grob raspeln, mit Haferflocken, Leinsamen, Zimt und Apfelsaft mischen und auf 2 Gläser verteilen. Über Nacht abgedeckt im Kühlschrank quellen lassen.
- Zwetschgen waschen, entsteinen und grob würfeln.
- Overnight-Oats mit Zwetschgen und Mandelstiften toppen. Zum Schluss mit Honig verfeinern.

Nährwerte pro Portion
410 kcal • 12 g E • 13 g F • 60 g KH • 10 g B

Mittags

Gelbes Gemüsecurry

Für 4 Portionen • mäßigerEiweißanteil
40 Min. + 10 Min. Garzeit

2 rote Paprika • 3 große Karotten • 2 große Zwiebeln • 3 Knoblauchzehen • 2 cm Ingwer • 2 EL Kokosöl • 2–3 TL gelbe Currypaste • 400 ml Kokosmilch • 200 ml Gemüsebrühe • 250 g Brokkoliröschen, TK • 1 EL Koriander, frisch • ½ TL Kurkumapulver • 1 TL Koriander, gemahlen • Salz • schwarzer Pfeffer

- Paprika waschen, halbieren, vom Kerngehäuse befreien und würfeln. Karotten, Zwiebeln, Knoblauch und Ingwer schälen. Karotten und Zwiebeln in feine Streifen schneiden, Knoblauch und Ingwer hacken.
- Kokosöl in einer großen Pfanne oder einem Wok erhitzen, Zwiebeln, Knoblauch und Ingwer zusammen mit der Currypaste scharf anbraten. Mit Kokosmilch und Gemüsebrühe ablöschen.
- Karotten, Paprika und Brokkoli hinzufügen und 5–10 Min. bei mittlerer Hitze köcheln lassen. Zwischenzeitlich frischen Koriander waschen und grob hacken.
- Curry mit Kurkuma, gemahlenem Koriander, Salz und Pfeffer abschmecken und vor dem Servieren mit frischem Koriander bestreuen.

Nährwerte pro Portion
305 kcal • 10 g E • 18 g F • 22 g KH • 6 g B

Abends

Auberginen-Hack-Auflauf

Für 4 Portionen • hoher Eiweißanteil
20 Min. + 25 Min. Garzeit + 30 Min. Backzeit

1 große Zwiebel • 2 Knoblauchzehen • 2 EL Olivenöl, nativ extra • 400 g Rinderhack • 5 EL Tomatenmark • 200 ml Gemüsebrühe • 1 Dose Tomaten, gestückelt • Salz • schwarzer Pfeffer, frisch gemahlen • 1 EL Oregano, getrocknet • 2 große Auberginen • 5 EL saure Sahne 10 % Fett • 200 g geriebener Mozzarella • 2 Stängel Basilikum • 40 g Parmesan, frisch gerieben

- Zwiebel und Knoblauch schälen und fein hacken. Olivenöl in einer großen Pfanne erhitzen und Zwiebel glasig andünsten. Hackfleisch hinzufügen und krümelig anbraten, anschließend Knoblauch und Tomatenmark unterrühren, kurz mitrösten und mit Gemüsebrühe ablöschen. Etwa 10 Min. köcheln lassen und die Tomaten hinzufügen. Soße mit Salz, Pfeffer und Oregano abschmecken und bei schwacher Hitze weitere 10–15 Min. köcheln lassen.

- In der Zwischenzeit Aubergine waschen, Stielansatz entfernen, der Länge nach in etwa 0,5 cm dicke Scheiben schneiden, auf Küchenpapier legen und auf beiden Seiten salzen. Kurz liegen lassen, bis die Scheiben deutlich Wasser verlieren, abtupfen und beiseitestellen. Basilikum waschen, trocken schütteln und Blätter abzupfen.

- Backofen auf 200 °C Ober- und Unterhitze vorheizen. In eine mit Olivenöl gefettete Auflaufform im Wechsel Soße und Auberginenscheiben schichten, bis die Zutaten aufgebraucht sind. Saure Sahne auf der letzten Schicht verteilen, Mozzarella darüberstreuen und etwa 30 Min. im Backofen backen. Vor dem Servieren Parmesan frisch darüberreiben und mit Basilikumblättern garnieren.

Nährwerte pro Portion
440 kcal • 41 g E • 25 g F • 11 g KH • 3 g B

Rund um Parkinson

Parkinson, genauer gesagt das idiopathische Parkinsonsyndrom (IPS), ist die zweithäufigste chronische Alterserkrankung des Gehirns nach Alzheimer. Bei weltweiter Betrachtung zählt Parkinson zu den Krankheiten, die sich am stärksten ausbreiten, nicht nur weil Angehörige großer Gesellschaften wie China, Indien, Indonesien, Brasilien und vieler weiterer zunehmend älter werden, sondern auch, wenn man die Berechnungsmodelle um diesen Alterseffekt bereinigt, wächst die Zahl der Parkinsonkranken. Die genauen Gründe sind bisher unbekannt. Es gibt aber ernst zu nehmende Vermutungen, dass Umwelteinflüsse und die Ernährung eine Rolle spielen können.

Parkinson betrifft nach neuesten Schätzungen allein in Deutschland ca. 400 000 Menschen und bis zu 20 Millionen Menschen weltweit. Neben der klassischen Parkinsonerkrankung, dem IPS, gibt es weitere Parkinsonsyndrome, die andere molekulare Ursachen haben und einen anderen klinischen Verlauf nehmen können. Da wir diese sogenannten atypischen Parkinsonsyndrome aber meist sehr ähnlich behandeln wie die typische Parkinsonkrankheit, können die Prinzipien guter Ernährung, die hier benannt werden, auch für sie gelten.

Das IPS ist als eine Bewegungsstörung definiert, die mit verlangsamten Bewegungen mit kleineren Umfängen (sog. Bewegungsamplituden) einhergeht. Durch eine Behandlung mit dem Gehirnbotenstoff Dopamin oder dopaminartigen Medikamenten lässt sich das Beschwerdebild deutlich verbessern. Das IPS ist eine symptomatisch gut zu behandelnde Erkrankung.

Die Krankheit entsteht durch eine Vielzahl von Störungen, zu denen entzündliche Veränderungen, Stoffwechselprobleme und Umweltgifte zählen, die letztlich gemeinsam zu einem zu frühen Tod von speziellen Nervenzellen, den sogenannten Neuronen, führen.

Das Gehirn kann, im Gegensatz zu anderen Organen wie Leber oder Herz, diesen Neuronenverlust nicht ausgleichen oder sich regenerieren. Wir sprechen daher von neurodegenerativen Erkrankungen, zu denen auch die Alzheimererkrankung oder die Huntington-Krankheit zu rechnen sind.

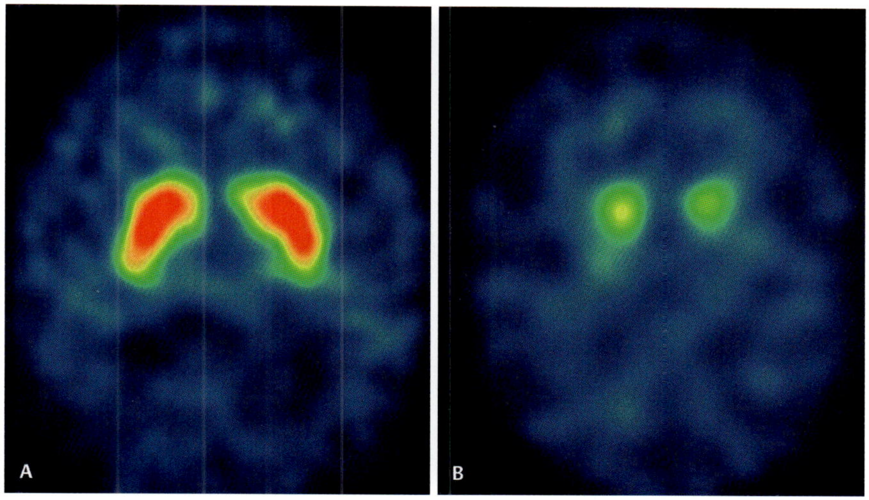

Dopamin-Transporter-Scan zur Darstellung der Funktion der Dopamin-Nervenzellen. Bild A zeigt das Gehirn eines gesunden Patienten. Bild B einen Patienten mit Parkinson.

Das Typische der Parkinsonerkrankung ist die frühe, aber nicht ausschließliche Beteiligung von Nervenzellen der Substantia nigra, die den Botenstoff Dopamin nutzen. Die Substantia nigra ist ein Nervenzellkerngebiet im Hirnstamm und Teil der sogenannten Basalganglien. Insbesondere im Hinblick auf motorisches Lernen und für die Durchführung unwillkürlicher und automatisierter Bewegungen spielt sie eine entscheidende Rolle.

Welche Symptome zeichnen die Parkinsonerkrankung aus?

Mit dem zunehmenden Verlust von Dopaminneuronen und dem Fortschreiten der Parkinsonerkrankung verliert der Mensch seine Fähigkeit für motorisches Lernen. Dieser Prozess führt zwar nicht zu einer Lähmung wie bei einer Nervenverletzung oder einem Schlaganfall, die mit einem plötzlichen Verlust von Kraft und Beweglichkeit einhergehen, aber zu einem schleichenden Abbau der spezifischen motorischen Fertigkeiten des Menschen. Das, was unsere Bewegungen individuell und einzigartig macht, geht verloren.

Die Parkinsonpatienten werden einander in ihrem Parkinsonismus immer ähnlicher, sie entwickeln die typischen Symptome der Krankheit wie Verarmung der Mimik (Hypomimie), Verlangsamung der Bewegungen (Bradykinese), Ruhezittern (Tremor) und Amplitudenverlust von Stimme (wird leise) und Bewegungen (werden kleiner). Ganz typisch kann man das beim Schreiben erkennen. Die Schrift der Patienten wird langsamer und kleiner. Wir nennen das Mikrografie. Für das IPS ist es zudem charakteristisch, dass die Schrift erst noch groß ist, aber dann kleiner wird.

Dr. James Parkinson hatte im Jahr 1817 in seiner Arbeit zur Shaking Palsy bei gerade einmal sechs Patienten praktisch sämtliche Symptome beschrieben. Jean-Martin Charcot, der berühmte französische Arzt der Salpetrière in Paris und Nestor der Neurologie, benannte die Krankheit 1877 nach ihrem Erstbeschreiber.

Neben den motorischen Symptomen der Parkinsonkrankheit, die mit dem Dopaminverlust zu erklären sind, treten auch nicht motorische Anzeichen auf. Zu Letzteren gehören der Verlust des Geruchssinns, verzögerte Magenentleerung und Verstopfungsneigung, plötzlicher Harndrang, Depressivität mit Interessen- und Appetitverlust sowie eine typische Traumschlafstörung, bei der die Patienten ihre Träume in Bewegung umsetzen und zum Beispiel im Schlaf rufen oder um sich schlagen, der sogenannte Gewaltschlaf.

Für jedes dieser nichtmotorischen Symptome sind Veränderungen weiterer neuronaler Systeme verantwortlich, die ebenso wie die dopaminergen (auf Dopamin ansprechenden) Nigrazellen in den Krankheitsprozess eingebunden sind. So wird für die typische Verstopfung bei Parkinsonpatienten eine Beteiligung des Nervus-vagus-Systems verantwortlich gemacht, das ebenfalls im Hirnstamm und in der Nähe der Substantia nigra angesiedelt ist.

Es ist unter anderem das Verdienst der Frankfurter Neuropathologen Heiko Braak und Kelly Del Tredici, wegbereitend eine These entwickelt zu haben, die zu erklären vermag, weshalb es zu den vielfältigen typischen motorischen wie nichtmotorischen Störungen bei der Parkinsonerkrankung kommt.

Schriftprobe

Das Kind spielt mit dem Ball

Schreiben Sie bitte den o.g. Satz in das freie Kästchen

Das Kind spielt mit dem Ball

Thümler R, Thümler B. Parkinson. TRIAS; 2016

Die Linienführung beim Schreiben ist verzittert und der Vorgang verlangsamt. Typisch ist das progrediente Kleinerwerden der Schriftgröße, wir sprechen von Mikrografie.

Entscheidend für den Verlust der Dopaminneurone ist die Anreicherung von Alpha-Synuklein (ASN) in den Zellen, einem Protein, das im Zellstoffwechsel (Zellmetabolismus) bei der Proteinverarbeitung eine wichtige Rolle spielt. Die Zelle kann das ASN-Protein nicht mehr verarbeiten, und so sammelt es sich unkontrolliert in der Zelle an, wo es allmählich einen großen Proteinklumpen bildet, ein sogenanntes Lewy-Körperchen, benannt nach dem Pathologen Fritz H. Lewy.

Braak und Del Tredici konnten schlüssig nachweisen, dass das ASN nicht an einer bestimmten Stelle des Gehirns entsteht, sondern sich durch einen jahrelangen Prozess allmählich im gesamten Gehirn ausbreitet. Überall, wo es schließlich auftaucht, nehmen die Zellen letztlich Schaden und die dort lokalisierten Funktionen des Gehirns werden beeinträchtigt. So kann man gut erklären, warum sich am Anfang der Erkrankung die Parkinsonsymptome z. B. als Verdauungs- oder als Geruchstörung zeigen. Grund ist, dass die Proteinstörung anfangs Nervenzellen des Darms und des Riechepithels betrifft. Von dort geht die Erkrankung auf den Hirnstamm über, womit die Parkinsonsymptome beginnen. Letztendlich erreicht die Störung bei manchen Patienten auch die Gehirnrinde, sodass Parkinson in späteren

Stadien auch kognitive Störungen verursachen kann.

In einem modernen wissenschaftlichen Verständnis der Parkinsonerkrankungen unterscheiden wir molekulare Varianten der zugrunde liegenden Krankheitsprozesse, die einerseits gerade in den ersten Jahren klinisch nur schwer zu unterscheiden, andererseits aber für die Prognose und den Verlauf sehr wohl bedeutsam sind. In Zukunft werden diese Unterschiede für therapeutische Strategien wichtig sein, um die Ursache der Parkinsonerkrankung auch kausal zu bekämpfen.

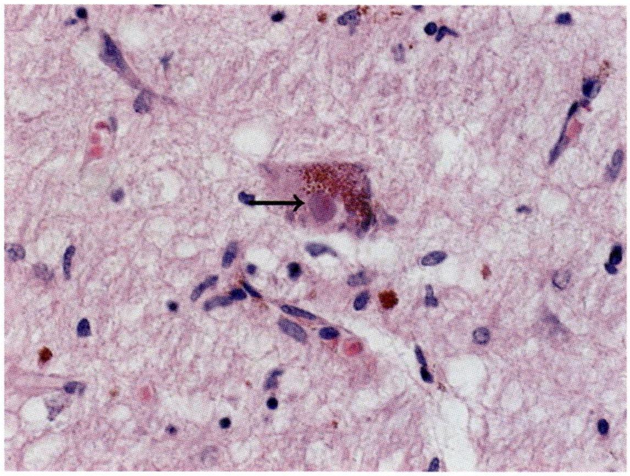

Nachweis von Lewy-Körpern in der Substantia nigra. Abb. aus: Mawrin C. Morbus Parkinson. In: Krams M, Frahm S, Kellner U, Mawrin C, Hrsg. Kurzlehrbuch Pathologie. 2. Auflage. Stuttgart: Thieme; 2013.

Wie Parkinson behandelt wird und warum es sich lohnt, das gut zu verstehen

Die gegenwärtige Therapie des IPS besteht darin, dass das zunehmend fehlende Dopamin der Nervenzellen der Substantia nigra durch dopaminartig wirkende Medikamente ersetzt wird, die man als Tabletten einnehmen kann. Allerdings können so folgerichtig nur die Symptome behandelt werden. Eine Therapie, die das Voranschreiten des eigentlichen Krankheitsprozesses, der den frühen Neuronenverlust bedingt, verlangsamen oder sogar stoppen könnte, ist zurzeit ein Forschungsthema.

Bei den dopaminartigen Medikamenten unterscheidet man die körpereigene Dopaminvorstufe, das L-DOPA, von den künstlichen Dopaminersatzstoffen, den Dopaminagonisten.

Die Aminosäuren Phenylalanin und Tyrosin

Das Hauptmedikament bei der Behandlung des IPS ist das L-DOPA – eine körpereigene Substanz, die alle höheren Tiere, und so auch der Mensch, selbst herstellen. L-DOPA ist eine Aminosäure. Chemisch korrekt heißt L-DOPA vollständig Levo-3-4-Di-Hydroxy-Phenyl-Alanin. Aminosäuren sind einfache kleine Moleküle mit einem Peptidrest, die die Fähigkeit haben, lange Molekülketten, sogenannte Polypeptide, zu bilden.

Aus diesen Peptidketten entstehen Proteine, also komplexe, große Eiweißmoleküle, die spezifische Funktionen im Körper haben. Typische Proteine sind die Muskeleiweiße Aktin und Myosin, mit denen sich Muskeln kontrahieren können, das Hämoglobin, mit dem die roten Blutkörperchen den Sauerstoff im Blut transportieren, oder das Klebereiweiß des Mehls, das Gluten, das für die Backfähigkeit des Mehls entscheidend ist, auf das manche Menschen aber allergisch reagieren. Und zehntausende mehr. Diese Proteine bilden die Bausteine des Körpers. Ihre Funktion wird letztlich durch die Reihenfolge der Aminosäuren in der Polypeptidkette vorgeben, die wiederum von unseren Genen vorgegeben wird.

Interessanterweise setzen sich alle Proteine in der Natur, vom Virus über Pflanzen und Tiere bis zum Menschen, aus denselben 20 Aminosäuren zusammen. Hierunter befinden sich

Phenylalanin

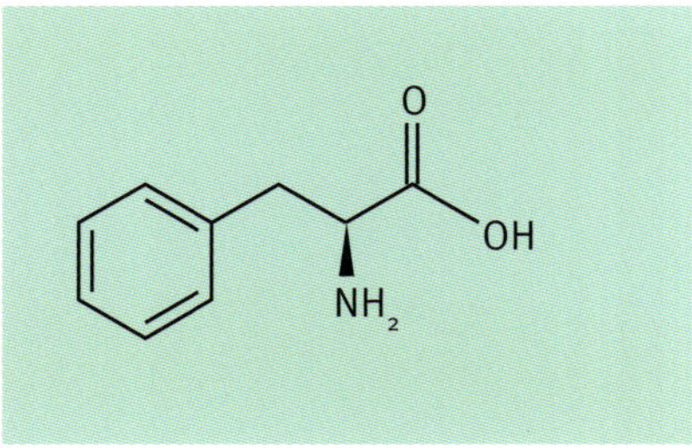

Tyrosin

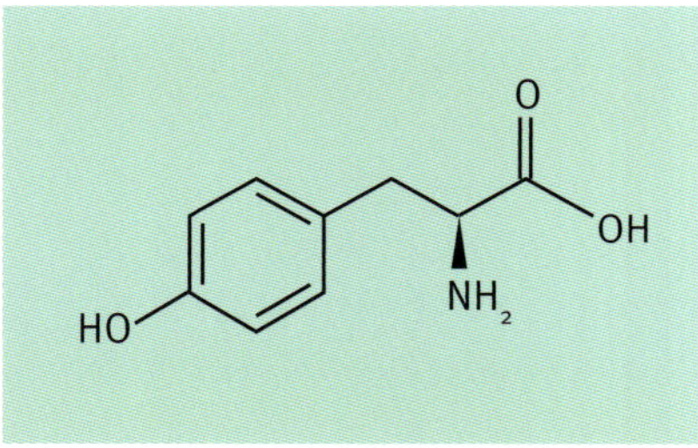

Der Unterschied zwischen Phenylalanin und Tyrosin besteht in einem einzelnen Wassermolekül (H_2O), das an den Ring angehängt wird.

auch die sogenannten essenziellen Aminosäuren, die wir mit der Nahrung aufnehmen müssen, da der Körper sie nicht selbst herstellen kann.

L-DOPA wurde in den späten 1960er-Jahren von Oleh Hornykiewicz und Walter Birkmeyer in Wien und von Arvid Carlsson in Stockholm für die Parkinsontherapie entdeckt, und die Geschichte ist so spannend, dass man darüber in Büchern lesen kann. Allerdings nicht in Kochbüchern.

Aminosäuren sind also, wie auch Zucker und Fette, die molekularen Bausteine unseres Körpers und unserer Nahrung. Im Essen kommen Proteine in Hühnerei, Fleisch und Fisch, Käse und Quark, aber ebenso in vielen anderen Lebensmitteln vor.

Für die Parkinsonkrankheit spielen die beiden Aminosäuren Phenylalanin und Tyrosin eine wichtige Rolle, da der Körper aus ihnen Dopamin herstellen kann und muss, wenn er gesund ist und bleiben will.

Der Unterschied zwischen beiden besteht in einem einzelnen Wassermolekül (H_2O), das an den Ring angehängt wird. Dabei geht ein Wasserstoffatom (-H) verloren, es bleibt der Wasserrest, der Hydroxylrest (-OH), zurück.

Beide Moleküle nehmen wir übrigens jeden Tag grammweise zu uns. Grammweise! Wenn wir Fleisch, Fisch, Käse und andere Proteinquellen essen. Auf manchen Lebensmitteln steht auch: Enthält eine Phenylalaninquelle. Lesen Sie mal das Kleingedruckte auf einer Diet-Coke. Wie andere kalorienreduzierte Getränke enthält es das Protein Aspartam, das reich an Phenylalanin ist.

Aber auch andere ganz übliche Nahrungsmittel enthalten Phenylalanin und Tyrosin. Beispielsweise sind in einem Hühnerei (ca. 50 g) ca. 12 g Eiweiß und darin wiederum 300 bis 400 mg Phenylalanin enthalten. Mit einer Eierdiät kann man aber Parkinson nicht behandeln. Hierfür braucht es L-DOPA. Warum eigentlich?

Das Medikament L-DOPA

L-DOPA entsteht im gesunden Körper aus der Aminosäure Tyrosin durch ein erneutes Hinzufügen eines weiteren Wasserrestes. Diese chemische Reaktion ist der entscheidende Schritt bei der Dopaminherstellung. Die Erzeugung von L-DOPA im Gehirn wird von einem wichtigen Enzym namens Tyrosinhydroxylase in Gang gesetzt, das nur in Dopaminnervenzellen vorkommt.

Durch den Verlust der Dopaminnervenzellen bei der Parkinsonkrankheit hat also das Gehirn nicht mehr genügend Tyrosinhydroxylase, um aus eigener Kraft ausreichend Tyrosin in L-DOPA zu überführen.

Um Parkinson zu behandeln, müsste man also entweder das Enzym Tyrosinhydroxylase verabreichen. Das ist aber unmöglich. Erstens werden Eiweiße im Magen und Zwölffingerdarm durch die Magensäure und die Bauchspeicheldrüsenenzyme aufgelöst. Zweitens verhindert die Blut-Hirn-Schranke, dass große Moleküle ins Gehirn gelangen.

Tatsächlich wird gegenwärtig in Studien versucht, mit einer Art Impfung das Gen für Tyrosinhydroxylase dem Gehirn zurückzugeben, sodass Tyrosinhydroxlyse von intakten Nervenzellen wieder gebildet werden kann. Das ist aber noch sozusagen molekulare Küche.

Dann also lieber den Spatz in der Hand als die Taube auf dem Dach: L-DOPA kann man seit über 50 Jahren als Tablette schlucken. Und das funktioniert. Zudem sehr gut.

Seit 50 Jahren ist dieses Medikament der Standard in der Parkinsontherapie. Und wird es vermutlich noch sehr lange bleiben, da es nun mal der körpereigene Stoff ist; er war es schon vor Millionen von Jahren, lange bevor Homo sapiens über die Erde schritt, und wird es auch noch eine Weile bleiben.

Es ist sinnvoll zu verstehen, wie man es richtig einsetzt. Auch wenn wir selbst nicht ganz so alt werden sollten.

Der Botenstoff Dopamin

Aus L-DOPA entsteht der Botenstoff Dopamin, indem ein Enzym die beiden Sauerstoffatome rechts in der Grafik, die sogenannte Carboxylgruppe, abtrennt. L-DOPA ist also ein Prodrug, eine Substanz, die erst vom Körper aktiviert werden muss, um wirksam zu werden. Die Umwandlung geht ganz schnell. Genauso rasch kann das Gehirn Dopamin aber auch wieder umwandeln. Daher hat L-DOPA nur eine kurze Halbwertszeit. Nach ca. 80 Minuten ist die eingenommene Menge bereits auf die Hälfte reduziert. Nach vier Stunden (240 Minuten) sind nur noch 12 % da. Dann wirkt es auch nicht mehr.

Wenn ein Parkinsonpatient am Abend die letzte L-DOPA-Tablette des Tages einnimmt, ist am nächsten Morgen das L-DOPA vollständig verstoffwechselt. Daher haben viele Parkinsonpatienten am Morgen verstärkt Symptome wie Steifigkeit, Schwitzen und Zittern. Da L-DOPA über Nacht vollständig abgebaut wird, kann man es auch von heute auf morgen absetzen, ohne dass sich Nebenwirkungen entwickeln. Trotzdem sollte man aber so eine wichtige Entscheidung mit seinem Neurologen besprechen.

Dopamin entsteht also durch Decarboxylierung von L-DOPA. Decarboxylierung meint eine chemische Reaktion, bei der ein Kohlenstoffdioxidmolekül abgespalten wird. Das daran beteiligte Enzym heißt entsprechend DOPA-Decarboxylase. Auch dieser Syntheseschritt ist klinisch wichtig. Die rasche Wandelbarkeit der Aminosäuren vom Nahrungsmittelbestandteil zum Neurotransmitter und zurück macht sie als Moleküle so interessant, weil sie im Gehirn als Botenstoffe wirken. Sie sind leicht herzustellen, schnell zu aktivieren und auch wieder zu inaktivieren. Das ist für das Gehirn richtig praktisch und sicher.

Dopamin ist letztlich eine strukturell einfache Substanz, die sich, wie wir gelernt haben, von einer Aminosäure ableitet, ein Monoamin also, wie auch Adrenalin oder Serotonin, allesamt wichtige Neurotransmitter.

L-DOPA

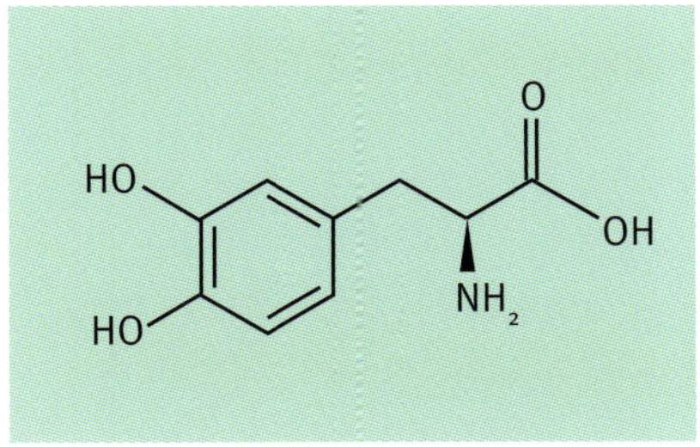

Dopamin

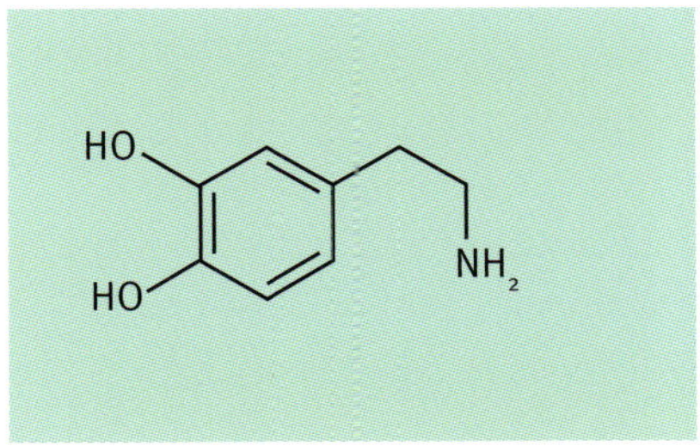

Aus L-DOPA entsteht der Botenstoff Dopamin, indem ein Enzym die beiden Sauerstoffatome rechts im Bild, die sogenannte Carboxylgruppe, abtrennt.

Warum ich Ihnen diese ganze Chemie zumute? Weil ich Ihnen zutraue zu erkennen, dass sich die Natur das sehr clever ausgedacht hat. Und dass wir bei einem vernünftigen und sachgemäßen Gebrauch dieser Substanzen wahrlich nicht befürchten müssen, dass das Medikament L-DOPA nicht mehr wirken könnte, wenn man am Anfang der Erkrankung etwas mehr als die übliche Dosis einnimmt. So etwas denken nämlich sehr viele Menschen mit Parkinson. Das ist aber genauso falsch wie die Vorstellung, dass Zucker nicht mehr süß schmeckt, wenn man ganz viel davon isst.

Bei der Einnahme von L-DOPA zu beachten

Wir haben also jetzt gelernt, dass L-DOPA eine Aminosäure ist und unser Körper damit ganz wunderbar umgehen kann. Tatsächlich schafft er das so gut, dass wir einen Trick brauchen, damit L-DOPA nicht sofort vom Körper verstoffwechselt wird, bevor es die Parkinsonsymptome behandelt.

Am Anfang der L-DOPA-Therapie kannte man diesen Trick noch nicht. Damals, 1968, hat man versucht, es mit Masse hinzubekommen. Typischerweise haben Parkinsonpatienten zu dieser Zeit 6 bis 8 g L-DOPA geschluckt, was einige der so Behandelten tatsächlich nicht sonderlich gut vertragen haben.

Der Grund für die Unverträglichkeit hoher Einzeldosen ist, dass unser Körper das per Tablette eingenommene L-DOPA sofort weiterverarbeitet und schon im Darm und im Blut daraus Dopamin herstellen kann. Wenn man also große Mengen L-DOPA einnimmt, entsteht letztlich im Darm und im Blut Dopamin, das in solchen künstlich hohen Mengen dort nichts verloren hat und Nebenwirkungen wie Müdigkeit oder Schwindel hervorrufen kann.

Der Trick ist die Kombination mit einer chemischen Begleitsubstanz, die heute jeder Tablette mit L-DOPA beigefügt wird. In Europa wurde Benserazid genutzt. In den USA und auch sonst auf der Welt nimmt man Carbidopa hierfür. Beide Substanzen funktionieren genau gleich. Es sind sogenannte DOPA-Decarboxylase-Inhibitoren (DDI), die die Blut-Hirn-Schranke nicht überwinden, also nur im Körper aktiv werden.

Wir erinnern uns, dass die DOPA-Decarboxylase aus L-DOPA Dopamin herstellen kann. Das will man zwar erreichen, aber nicht schon direkt nach Einnahme im Darm oder nach Aufnahme aus dem Darm ins Blut, sondern erst im Gehirn, wo das Dopamin gebraucht wird.

Benserazid und Carbidopa bremsen also eine zu frühe Umwandlung ab, folglich verbleibt L-DOPA länger im Blut, bis es hoffentlich das Gehirn erreicht, wo es dann die Parkinsonsymptome behandelt.

Mit diesem Trick erreicht man nun also zwei günstige Wirkungen. Erstens benötigt man nur noch etwa 5 % der Menge an L-DOPA für eine effektive Therapie. Zweitens ist die Therapie mit dem Kombipräparat

L-Dopa nur auf nüchternen Magen nehmen

Parkinsonpatienten wird dringend empfohlen, das L-DOPA unbedingt 30 Minuten vor dem Essen einzunehmen, wenn die Tabletten in einen leeren Magen hineinfallen können. Idealerweise trinkt der Patient dann ein Glas Sprudelwasser hinterher. Die ausperlende Kohlensäure wird zum gasförmigen Kohlendioxid, der Magen wird durch das große Volumen dieses Gases gedehnt. Das löst einen Entleerungsreflex aus und die Tablette wird weiter zum Dünndarm transportiert, wo das Medikament aufgenommen werden kann.

L-DOPA + DDI praktisch nebenwirkungsfrei. 1977 hat die WHO daher diese Kombination auf die Liste der unentbehrlichen Medikamente der Menschheit gesetzt.

Was aber auch wichtig ist: Selbst mit dem Bremsentrick kommt nur 1% des L-DOPA am Ort der Wirkung im Gehirn an. Die restlichen 99% verstoffwechselt der Körper wie andere Nahrungseiweiße. Und bei manch einem Patienten entsteht trotz Bremsentrick Dopamin im Darm und im Blut, sodass diese Patienten nach Einnahme von L-DOPA kurz müde sind so wie nach einem üppigeren Essen. Diese Müdigkeit geht aber im Gegensatz zu länger wirkenden Substanzen rasch vorüber. Und glücklicherweise reicht das 1% des L-DOPA, das es ins Gehirn schafft, aus, um Parkinson gut zu behandeln.

Was passiert, wenn L-Dopa auf vollen Magen genommen wird?

Fällt die L-DOPA-Tablette in einen Magen, in dem noch Nahrung und damit immer auch Eiweiß der Nahrung vorhanden ist, wird die therapeutische Dosis von z. B. 100 mg L-DOPA z. B. mit 20 g Fleisch vermischt. 20 g Fleisch enthalten ca. 5.000 mg andere Aminosäuren, die nun mit dem L-DOPA der Tablette um die Aufnahme aus dem Darm ins Blut konkurrieren. Die Tablette wird also quasi um den Faktor 50 verdünnt.
Folglich wird bei der Aufnahme von L-DOPA aus dem Darmlumen in die Darmschleimhautzelle die Aufnahme verzögert und je mehr Nahrung, desto mehr Konkurrenz und umso schlechter die Aufnahme und Versorgung des Gehirns mit L-DOPA in der folgenden Zeit.
Ähnliche Probleme entstehen ganz allgemein aufgrund von Darmträgheit, die unterschiedlichste Ursachen haben kann, etwa Verhaltensfaktoren wie Bewegungsarmut und ein vorwiegend sitzender Alltag, Ernährungsfaktoren wie ballaststoffarme Diät oder körperliche Faktoren wie die neurogene Darmträgheit des Parkinsonsyndroms.

Wann und wie gelangt das L-DOPA in den Körper

Wenn ein Mensch Eiweiß zu sich nimmt, also Fleisch, Fisch oder Käse, führt er mit diesen Nahrungsmitteln seinem Körper eine Menge Proteine zu, die, wie wir oben gelernt haben, aus den Aminosäuren zusammengesetzt sind. Da Proteine grundsätzlich vom Immunsystem des Körpers erkannt werden und somit Immunabwehrreaktionen auslösen könnten, verhindert der Körper, dass solche großen Proteinmoleküle aus dem Magen-Darm-Trakt in die Blutbahn des Organismus gelangen, indem sie im Magen durch die Magen(salz-)säure und im Zwölffingerdarm (Duodenum) durch die Bauchspeicheldrüsenenzyme, zum Beispiel Trypsin und Pepsin, bis auf die Ebene der einzelnen Aminosäuren aufgespalten werden. Das ist eine unglaubliche Leistung, die Magen und Darm hier so mal eben erbringen.

Oben haben wir bereits die Aminosäuren Phenylalanin und Tyrosin kennengelernt. Die anderen 18 darf ich Ihnen hier ersparen. Aber jedes dieser einzelnen Aminosäurenmoleküle wird nun im Dünndarm, nicht schon im Magen, in das Blut aufgenommen.

Das ist eine ganz entscheidende Information für Parkinsonpatienten. Tabletten, die im Magen hängen bleiben, weil dort noch die letzte Mahlzeit auf ihre Verdauung wartet, bleiben dort sozusagen im Stau stecken.

Grundsätzlich gilt, dass die verzögerte Aufnahme von L-DOPA ins Blut durch Nahrungskonkurrenz eine geringere Rolle spielt, solange das Gehirn noch eigene L-DOPA-Reserven zu Verfügung stellt. Die körpereigene Produktion fängt quasi den Ausfall bei der externen Versorgung noch auf. In frühen Krankheitsstadien merken Patienten eventuell gar nicht, ob sie eine L-DOPA-Tablette eingenommen oder sie vergessen haben.

In späteren Krankheitsstadien, in denen an Parkinson Erkrankte die Versorgung des Gehirns mit L-DOPA und Dopamin durch die regelmäßige Einnahme von Tabletten gewährleisten müssen, wird jede einzelne Einnahme wichtig.

Dann kann die Konkurrenz der L-DOPA-Medikation mit dem Essen durchaus so kompliziert werden, dass das Behandlungsprinzip »Tablette« für eine gleichmäßige Therapie nicht mehr ausreicht. Patienten berichten, dass es ihnen mit ihren Parkinsonsymptomen am besten geht, wenn sie gar keine Nahrung zu sich nehmen. Dies ist natürlich kein sinnvoller und nachhaltiger Zustand. Hier schlägt die Stunde der aufwendigeren Therapieverfahren wie der tiefen Hirnstimulation oder der Medikamentenpumpen.

Elektrophysiologische Verfahren wie die tiefe Hirnstimulation

Sicher hat der eine oder andere von Ihnen auch schon von der tiefen Hirnstimulation (THS) gehört, mit der Parkinsonkranke behandelt werden können, die mit der pharmakologischen Therapie im mittelfristigen Verlauf der Erkrankung unbefriedigende Ergebnisse erzielen. Man kann sich die THS als eine ultrapräzise elektrische Behandlung vorstellen: Miniaturisierte Elektroden, die dauerhaft Impulse von 60 bis 140 Hz abgeben, bremsen ein winziges, aber strategisch wichtiges Hirnareal, den Nucleus subthalamicus, der bei Menschen mit Parkinson krankhaft hochreguliert ist.

Wenn die Indikation stimmt und die Elektroden wirkungsvoll platziert sind, kann die THS die Pharmakotherapie fast vollständig ersetzen. Aus ernährungsphysiologischer Sicht wichtig ist, dass die meisten THS-Patienten nach der OP deutlich an Gewicht zunehmen. Manchen steht das gut zu Gesicht, bei anderen muss man durchaus etwas aufpassen. Hier sollten keine starren Regeln greifen, sondern das Wohl des Individuums sollte im Vordergrund stehen.

Kurative Ansätze

Die Wissenschaft gibt sich mit der bereits erreichten symptomatischen Behandlung des IPS aber nicht zufrieden. Dadurch, dass wir erkannt haben, wie die molekularen Mechanismen, die zur Parkinsonerkrankung führen, im Einzelnen funktionieren, werden auch kausale kurative Therapiestrategien denkbar, also letztlich Wege, die Krankheit auch wieder loszuwerden.

Ein Verfahren, das gegenwärtig an Parkinsonkranken geprüft wird, ist die Impfung mit Substanzen, die eine Immunreaktion gegen das Protein Alpha-Synuklein hervorrufen. So soll das Immunsystem dazu gebracht werden, das überschüssige Alpha-Synuklein aus dem Gehirn zu entfernen. Die Impfung kann inzwischen als sicher angesehen werden. Ob sie ihr Ziel erreicht und das Voranschreiten der Krankheit verzögert, ist gegenwärtig noch nicht geklärt.

Eine weitere Strategie betrifft die Molekülwelt unserer Zellen, konkret den Mechanismus, wie aus unseren Genen die Proteine entstehen, die auch für Krankheiten wie Parkinson relevant sind. Als Kopie der DNS werden sogenannte RNS-Moleküle gebildet, die die Information der Gene für die Zellen verfügbar machen. Auf diese RNA-Moleküle kann man mit injizierbaren RNA-Gegenmolekülen (anti-sense oligonucleotides [englisch]) einwirken, da so eine fehlerhafte RNA blockiert werden kann. Dass diese Technologie eine große Zukunft haben könnte, muss man nach den Erfolgen der Moderna- und BioNTech-RNA-Vakzine gegen das SARS-CoV-2-Virus (Coronavirus) niemandem mehr erklären.

Dennoch sind die am niedrigsten hängenden Früchte im Kampf gegen Parkinson die traditionellen Arzneimittel, die »small molecules«, die dem Körper helfen, einen bestimmten Stoffwechselweg zu beschreiten, oder ihm eine bestimmte Reaktion erleichtern, um so das Voranschreiten der Krankheit zu vermindern oder zu stoppen.

Vielversprechend sind Medikamente, die mit dem bereits erwähnten Alpha-Synuklein interagieren und dem Gehirn einen Abbau dieses Moleküls erlauben, sodass es seine parkinsonauslösende Wirkung nicht mehr entfalten kann.

Welcher Weg schließlich den meisten Erfolg bringen wird, ist eines der spannenden Themen der Neurowissenschaften. Sollte ein kurativer Ansatz denn gefunden werden, wirft dies eine weitere wichtige Frage auf, nämlich wie früh man Parkinson sicher diagnostizieren kann.

Prinzipiell ist für einen kurativen Ansatz diese frühe Diagnose unabdinglich. Das, was im Gehirn verloren gegangen ist, kann man nicht wieder zurückgewinnen. Dafür ist das Gehirn mit allen seinen im Leben gespeicherten Erinnerungen zu komplex.

Aktivierende Therapien

Die internationale Therapiewissenschaft hat in den letzten 20 Jahren teils spektakuläre Erkenntnisse über den Zusammenhang von neurodegenerativen Erkrankungen wie Parkinson und aktivierenden Therapien wie Physio- und Ergotherapie gewonnen. An dieser Stelle kann ich aber nur einen kurzen Überblick geben und ansonsten auf die weiterführende Literatur verweisen.

Bewegungstherapie (Physio- und Ergotherapie)

Der Botenstoff Dopamin ist kein Ein-aus-Schalter für die Bewegungen des Körpers. Wenn Parkinsonkranke eine Tablette mit 100 mg L-DOPA einnehmen, dann findet sich in ihrem Gehirn nach 20 bis 30 Minuten ein deutlich erhöhter Dopaminspiegel. Aber oft passiert dann im realen Leben erst mal – nichts.

Dopamin ist ein chemischer Schalter. Aber eher einer, mit dem das Gehirn Bewegungen erlernen und automatisieren kann. Den Körper kann man sich dazu vorstellen wie ein hervorragend beherrschtes Musikinstrument, das aber aufgrund der Parkinsonerkrankung und des Dopaminmangels nicht mehr bespielt wurde. Entsprechend hat der Klang an Qualität eingebüßt.

Stellen Sie sich, um im Bild zu bleiben, wieder ein Klavier ins Zimmer, haben Sie damit noch keinen Blumenstrauß gewonnen. Ohne Schweiß kein Preis, könnte man sagen. Wenn Sie sich nicht aktiv bewegen, erzielen Sie auch mit der Dopamintherapie nur einen partiellen therapeutischen Effekt.

Die günstige Kehrseite der Medaille ist, dass Sie selbst Ihr Schicksal in Händen und Füßen halten. Mehr Aktivität führt tatsächlich zu einer besseren Wirksamkeit der Behandlung. Man konnte sogar zeigen, dass die dominante Hand (bei Rechtshändern also die rechte, bei Linkshändern die linke) von der Therapie mehr profitiert. Warum? Weil sie einfach mehr bewegt und so eben auch mehr beübt wird.

Die Bewegungstherapeuten, also Physio- und Ergotherapeuten, haben die Aufgabe, Parkinsonkranke wieder an ihre ursprünglichen Fähigkeiten heranzuführen. Und natürlich im Verlauf noch viel mehr, wenn es z. B. darum geht, verlorene Funktionen zu kompensieren.

Andere Medikamente und Pumpenverfahren

Seit der Entdeckung von L-DOPA als hervorragende Therapie für Parkinsonkranke ist auch die Achillesferse dieses Medikaments bekannt, die bereits erwähnte kurze Halbwertszeit von ca. 80 Minuten.

Dies muss prinzipiell kein Nachteil sein, wenn der erwünschte Effekt wie in den früheren und mittleren Krankheitsphasen für eine Dauer von 3 bis 4 Stunden vorhalten soll und der Patient mit Drei- bzw. Viermalgaben eine gleichmäßige Wirkung über den Wachtag erzielt.

Grundsätzlich ist aber eine Vereinfachung des Regimes wünschenswert, da so eine höhere Medikationstreue erreicht wird. In den späteren Krankheitsstadien merken Patienten auch Schwankungen, wenn noch engere Einnahmeintervalle für die L-DOPA-Tabletten gewählt werden. Daher ist eine längere Wirksamkeit erwünscht und klinisch sinnvoll. Hinzu kommt, dass die Wechselwirkung mit den Nahrungsbestandteilen, die wir oben erklärt haben, die Therapie verkompliziert.

Es wurden daher zahlreiche Strategien versucht, um hier Fortschritte zu erzielen, die hier kursorisch erwähnt werden sollen.

Künstliches Dopamin – die Dopaminagonisten

Bereits seit Langem kennt man eine Reihe von pharmakologischen Substanzen, die an denselben Rezeptoren andocken können wie das Dopamin. Diese Dopaminagonisten interagieren nicht mit der Ernährung und der Proteinaufnahme und wirken deutlich länger als L-DOPA, der Patient ist also auch in der Nacht behandelt. Damit spielen die Agonisten in der Parkinsontherapie eine wesentliche Rolle.

Es gibt aber auch wichtige Einschränkungen, die meist eine Co-Therapie mit L-DOPA erforderlich machen. So erreicht man bei gleicher Dosis nicht den vollen Benefit wie mit L-DOPA. Zudem können bei mit L-DOPA vergleichbaren Dosen häufiger Nebenwirkungen wie starke Tagesmüdigkeit, Wassereinlagerungen in den Beinen, Impulskontrollstörungen (z. B. Kaufsucht oder Esssucht) und/oder Halluzinationen und Delir auftreten.

Die Leitlinien zur Therapie der Parkinsonerkrankung benennen klar, bei welchen Indikationen die Dopaminagonisten mit gutem Erfolg eingesetzt werden können und sollen. Hierzu zählen auch ressourcenintensivere Verfahren wie die Medikamentenpumpentherapie, bei der ein Wirkstoff per Mikropumpe kontinuierlich über die Haut verabreicht wird. Die Indikationsstellung solcher Verfahren ist das Gebiet der Bewegungsstörungs- und Parkinsonspezialisten. Ob für Sie eine solche Therapie infrage kommt, sollten Sie daher mit Ihrem Neurologen besprechen.

Mono-Amino-Oxidase und Katechol-O-Methyl-Transferase

Das Gehirn nutzt zwei Enzyme, die das Dopamin wieder abbauen, wenn es nicht mehr gebraucht wird. Das eine ist die Mono-Amino-Oxidase (MAO), das andere die Katechol-O-Methyl-Transferase (COMT). Beide Enzyme können mit Medikamenten für Parkinsonpatienten sinnvoll blockiert werden, sodass dem Gehirn mehr Dopamin zur Verfügung steht.

Die aktuell verwendeten MAO-Blocker heißen Selegilin, Rasagilin und Safinamid. Sie werden häufig in der Anfangsphase der Erkrankung eingesetzt. Die modernen MAO-Inhibitoren interagieren im Gegensatz zu früheren Substanzen nicht mit der Nahrung.

Die aktuell genutzten COMT-Inhibitoren heißen Entacapone, Tolcapone und Opicapone. Diese Medikamente kommen tendenziell eher in der mittleren und späten Krankheitsphase zum Einsatz, wenn sich mit einer Monotherapie mit L-DOPA keine klinische Wirkung erzielen lässt, die über den Tag (und die Nacht) stabil bleibt. Wir nennen dieses erste Auftreten von Fluktuationen ein Wearing-off (Abnutzen) der Wirksamkeit von L-DOPA. Allerdings ist der deutsche Begriff irreführend, denn das L-DOPA nutzt sich nicht ab. Vielmehr ist der Patient in eine Krankheitsphase eingetreten, in der die intakten Dopaminneurone nicht mehr genügend körpereigenes L-DOPA produzieren können, um dem Gehirn die Menge Dopamin zur Verfügung zu stellen.

Die COMT-Inhibitoren verstärken und verlängern daher die L-DOPA-Wirkung deutlich um 30 bis 50 %. Sie werden von den meisten Patienten sehr gut vertragen und interagieren nicht mit den Nahrungsmitteln. Da sie gemeinsam mit L-DOPA verabreicht werden, gelten die Einschränkungen hinsichtlich der Nahrungsaufnahme (Seite 16) wie bei L-DOPA.

Weitere Entwicklung der L-DOPA-Therapie

Eine Reihe neuerer Entwicklungen gibt Hoffnung, dass sich eine pharmakologische Lösung dafür finden lässt, die bekannte Schwachstelle der L-DOPA-Therapie, die kurze Halbwertszeit, doch noch zu überwinden. Eine Idee hierzu ist eine Containerpille, die unterschiedliche Zubereitungen des L-DOPA enthält, die sich schnell, normal und verzögert (retardiert) auflösen. Mit diesem Prinzip kann der Patient eine Dreifachgabe der Tabletten am Tag beibehalten. Traditionelle L-DOPA-Tabletten müssen hingegen im Verlauf der Erkrankung oft alle drei Stunden verabreicht werden, also bis zu sechsmal am Tag, um eine Wachzeit von 18 Stunden abzudecken.

Technisch ist man das Problem bereits mit Pumpen angegangen, die eine gelartige L-DOPA-Masse (Duodopa-Gel) über einen Magen-Darm-Schlauch direkt in den Dünndarm spülen, sodass das Medikament dort kontinuierlich aufgenommen werden kann.

Das neueste, aber bislang nur in Studien eingesetzte Verfahren sind subkutan resorbierbare L-DOPA-Präparate, die von Miniaturpumpen, ähnlich wie Insulinpumpen, subkutan appliziert werden.

Welche von diesen Methoden sich in Zukunft eventuell durchsetzen kann, bleibt abzuwarten. Jedenfalls sind hier relevante Investitionen und Forschungsaktivitäten festzustellen. Ähnlich wie bei der Krebsvorsorge wäre es denkbar, dass man Biomaterial wie Blut, Hirnwasser oder Haut ab einem bestimmten Alter oder bei Auftreten bestimmter Risikokonstellationen regelmäßig auf Parkinson untersuchen lässt. Auf diesem Weg wäre eine Therapie zu einem Zeitpunkt möglich, zu dem noch keine motorischen Symptome aufgetreten sind. Ein den Krankheitsprozess stoppendes Prinzip würde daher den Ausbruch solcher Symptome effektiv verhindern.

Ein Mehr an Aktivität führt so über Mechanismen wie verbesserte Durchblutung, Steigerung des Grundumsatzes, Förderung der Muskelkraft und Muskelmasse zu relevanten Effekten bei Ernährung und Verdauung. Mit der Aktivierung des Körpers wird die Darmperistaltik gefördert, es gelingen eine bessere Darmpassage, eine verbesserte Nährstoffaufnahme und leichterer Stuhlgang, um nur ein paar der günstigen Effekte konkret zu benennen.

Für Parkinsonkranke ist daher eine enge Zusammenarbeit mit dem Ergo- und Physiotherapeuten ebenso wichtig wie die mit dem Neurologen und dem Hausarzt, und sie sollte gesundheitspolitisch meines Erachtens deutlich vereinfacht werden.

Sprach- und Schlucktherapie

Als Arzt wird man in seiner Ausbildung mit dem Sprach- und Schlucktherapeuten erst im Berufsleben konfrontiert. Das Medizinstudium umgeht diesen Bereich, der die Lebensqualität von Betroffenen, denen etwas so Alltägliches wie die Fähigkeit zu sprechen und zu schlucken abhandengekommen ist, extrem beeinträchtigen kann.

Glücklicherweise gibt es diesen eigenen Spezialisten, der Parkinsonpatienten viele sinnvolle Behandlungsmöglichkeiten anzubieten hat. Sie reichen von spezifischen Sprechtherapien, um sich Lautstärke und Verständlichkeit zurückzuerobern, bis hin zur Schlucktherapie, um die Defizite der Erkrankung, die das Schlucken und damit das Essen betreffen, zu kompensieren. Dies ist besonders in späteren Krankheitsstadien essenziell.

Hier kann dieses Thema nur angerissen werden. Aus der klinischen Erfahrung des Spezialisten ist die Sprach- und Schlucktherapie eine der therapeutischen Disziplinen, die mit den spektakulärsten Therapieerfolgen in Bezug auf einen Wiedergewinn an Lebensqualität aufwarten kann.

Was hat Parkinson nun im Detail mit Ernährung zu tun?

Der Beginn der Erkrankung im Darm – und an der Nase

Auch wenn James Parkinson die später nach ihm benannte Krankheit anhand der motorischen Symptome charakterisiert hat, sind es doch oft ganz andere Anzeichen, die am Anfang der Erkrankung stehen.

Ein typisches und in Studien das am häufigsten genutzte Kriterium ist das Frühsymptom der Verstopfung, wobei in dem Fall eine Stuhlfrequenz von vier pro Woche unterschritten werden muss. Die Obstipation, so der Fachausdruck, ist sicherlich durch mehrere Faktoren bedingt, beruht aber zu einem Großteil auf einer Schädigung der Nervenzellen des Darms. Entsprechend ist es korrekt zu behaupten, dass Parkinson bei vielen Menschen im Darm beginnt. Und daher ist es gar nicht abwegig zu vermuten, dass eine abwechslungsreiche gesunde Ernährung vorbeugend wirken kann. Tatsächlich hat eine kürzlich publizierte Studie an 47 000 schwedischen Frauen ein geringeres Risiko für Parkinson unter einer mediterranen Diät beschrieben.

Viele Parkinsonpatienten berichten, dass ihr Geruchssinn verloren gegangen sei. Diese Hyposmie ist ebenfalls ein für das IPS ganz typisches Symptom. Sinnvollerweise sollte daher ein Parkinsonspezialist einen standardisierten Riechtest durchführen, um die Diagnose stellen zu können. Viele Parkinsonpatienten erleben den Verlust des Riechempfindens als starke Einbuße an Lebensqualität. Leider spricht das Symptom nicht auf die dopaminerge Therapie an, und es existiert auch sonst keine Behandlungsmöglichkeit, die die Ursache bekämpfen würde. Die Hyposmie hat natürlich für das Genießen des Essens und somit für die Ernährung nachteilige Folgen. Lassen Sie sie zusätzlich durch einen Hals-Nasen-Ohren-Arzt abklären, denn manchmal rührt die Hyposmie auch von der Hausstaubballergie oder von einer anderen behandelbaren Erkrankung her.

Das Mikrobiom ist bei Parkinson verändert

Eines der moderneren Forschungsthemen in der Parkinsonwelt ist die Betrachtung des sogenannten Darmmikrobioms. Es besteht aus ca. 1 kg Bakterien, die der Darm eines erwachsenen Menschen enthält, und entspricht einer Menge von 10 bis 100 Billionen Mikroorganismen, die eine Vielzahl genetischer und biochemischer Eigenheiten aufweisen.

Die Forschung spricht heute von einer Hirn-Darm-Achse, in der Darm und Gehirn vielfältig interagieren. So verfügt der Darm über ein sogenanntes enterisches Nervengeflecht, das direkt auf das Hirn einwirken kann, das Gehirn wiederum wirkt auf den Darm über Stressmechanismen und das autonome Nervensystem ein.

Das Darmmikrobiom interagiert mit dem Nervensystem des Darms, z. B. indem bei der Verdauung Substanzen gebildet werden, die Nervenzellen aktivieren können. Auch Bakterienelemente wie die Polysaccharide der Zellwand können Nervenzellaktivität fördern oder auch hemmen.

Inzwischen liegen zahlreiche Forschungsergebnisse vor, die eine wesentliche Rolle der Darmbakterien für die Entstehung und Ausprägung der Parkinsonerkrankung aufgezeigt haben. Auch können bestimmte Nahrungsbestandteile wie kurzkettige Fettsäuren günstige und ungünstige Effekte auf die Entstehung von Parkinson haben. Diese Themen sind Gegenstand aktueller Grundlagenforschung. Die aktuell verfügbaren Erkenntnisse bieten derzeit für eine konkrete Umsetzung in die Praxis des Kochens keinen Anlass. Der interessierte Leser sei hier auf weiterführende Literatur verwiesen.

Ein weiterer relevanter hier zu benennender Aspekt sind Entzündungen des Magen-Darm-Trakts, die auf Parkinson einwirken können. Ein typisches Beispiel ist die Besiedlung des Magens mit dem humanpathogenen (Krankheiten beim Menschen auslösenden) Bakterium Helicobacter pylori, das für die Entstehung von Magengeschwüren verantwortlich gemacht wird. Helicobacter pylori kann sich von L-DOPA ernähren und so bei Parkinsonkranken mit entsprechenden Symptomen eine Eradikationstherapie (Behandlung, bei der die Keime komplett aus dem Körper entfernt werden) mit Antibiotika sinnvoll machen. Dieses Verfahren sollte jedoch von einem Spezialisten nach entsprechender Diagnostik indiziert und engmaschig von einem Bewegungsstörungsspezialisten begleitet werden.

Krankheitsprogression bei Parkinson – vaskuläre Risikofaktoren

Letztlich möchte ich hier das Thema der sogenannten kardiovaskulären Risikofaktoren, also Bluthochdruck, erhöhter Blutzucker und Blutfette, erhöhtes Körpergewicht, Raucherstatus etc., aufgreifen. In mehreren prospektiv durchgeführten Studien an Parkinsonkranken hat sich gezeigt, dass diese Risikofaktoren das Fortschreiten der Krankheit beschleunigen.

Dies erklärt sich daraus, dass natürlich das Gehirn genauso wie das Herz unter einem kranken Gefäßsystem leidet bzw. sich Verringerungen der Risiken günstig auf die allgemeine Hirngesundheit auswirken. Für Parkinsonpatienten konnte z. B. in einer methodisch sehr soliden Arbeit gezeigt werden, dass ein dreimonatiges aerobes Training (Ausdauersport) auf dem Ergometer (Fahrrad) die Schwere der Parkinsonkrankheit signifikant vermindern kann. Zur Erklärung berufen sich die Autoren auch auf die Verbesserung des kardiovaskulären Risikoprofils durch diese Intervention. Hier kann also der Patient selbst etwas für die Verbesserung seiner Parkinsonerkrankung tun!

Was können Sie selbst tun?

Sie können sich von einem Bewegungsstörungsspezialisten beraten lassen

Am Anfang steht die richtige Diagnose. Nach meiner beruflichen Erfahrung hat sich der Wert von Fachzentren für die Diagnosestellung von Parkinsonerkrankungen, für die kein diagnostischer Goldstandard existiert, immer wieder gezeigt. Parkinsonpatienten profitieren, wenn die wohnortnahe Versorgung durch den Hausarzt und den langjährig betreuenden Neurologen mit der Expertise der spezialisierten Zentren kombiniert werden kann. Gemeinsam ist man wirklich stark.

Der Hausarzt spielt über die gesamte Wegstrecke der Erkrankung hin eine herausragende Rolle: als derjenige, der die Erkrankung als Erster diagnostiziert, als Begleiter und Berater, als Rezeptaussteller, als der Arzt, der eine Krankschreibung ausstellt, sowie als Lotse durch die sozialmedizinischen Belange. Der Neurologe wiederum erkennt die spezifischen Probleme, die sich durch die Krankheit ergeben, und weist den Weg in die spezialisierten Therapien und Diagnostiken. Die Spezialisten in den Zentren helfen dann, wenn die Diagnose komplizierter ist, und begleiten die Patienten bei den großen Therapieentscheidungen, z. B. bei der Entscheidung für/über eine tiefe Hirnstimulation. Hier werden neue Therapien gesucht und manchmal auch gefunden, wenn Patient und Forscher eine Arbeitsebene finden, von der am Ende alle profitieren. Ein guter Spezialist wählt nicht immer die komplizierteste Variante aus, sondern sucht nach dem individuellen Weg, der für seinen Patienten zu den gemeinsam festgelegten Zielen führt. So wird eine Therapie erfolgreich, und das ist tatsächlich erwiesen.

Sie sollten sich viel bewegen

Die WHO empfiehlt 5 × 30 bis 60 Minuten mäßig intensives aerobes Training in der Woche, alternativ 75 bis 150 Minuten intensives Training mit Pulsanstieg. Sowohl aerobes (Ausdauersport) als auch anaerobes Training (Kraftsport) oder koordinatives Training wie Tanzen oder Schattenboxen sind sinnvoll. Schlüssel zum Erfolg ist weniger, welche Tätigkeit Sie ausüben, sondern dass Sie Spaß an der Sache haben und den Sport dann auch regelmäßig betreiben.

Dass Bewegung wiederum günstige Effekte auf Hunger und Hungerregulation, Verdauung und Stuhlgang und so eben auch auf Ihre Ernährung hat, kann durchaus noch einmal betont werden.

Sie sollten sich gut ernähren

Eine gesunde Ernährung ist die Basis jeder Therapie. Auch wenn für Parkinsonkranke die tägliche Nahrungsaufnahme und damit die regelmäßige und kalorisch adäquate Versorgung mit Flüssigkeit, Nährstoffen, Vitaminen und Spurenelementen einer genauen Koordination mit den Einnahmezeitpunkten der Medikation bedarf, soll und darf Ernährung Spaß machen. Den dürfen Sie sich nicht nehmen lassen!

Es gibt keine für die Ewigkeit in Stein gemeißelten Regeln zu diesem Thema. Seien Sie experimentierfreudig. Ein großes Osterei-Festessen mit reichlich Protein wird zwar die Verfügbarkeit von L-DOPA einschränken, aber vielleicht war es der Wettkampf um das stabilste Osterei mit dem Enkel wert! Wichtig ist, dass Sie die Zusammenhänge verstehen, sodass Sie informiert Entscheidungen über Ihr Essen und Ihre Ernährung treffen können.

Ihre Leistungsfähigkeit im Alltag, Ihre Schlafqualität, Ihre Lebensfreude hängen auch von der Art Ihrer Ernährung ab. Und das führt uns schon ganz nah an das eigentliche Thema des Buches heran.

Wie können Sie als Parkinsonpatient gut essen?

Genau darum geht es in diesem Buch. Aus neurologischer Sicht lassen sich für Parkinsonkranke folgende Regeln formulieren:

Essen sollte Ihnen schmecken und Spaß machen! Speziell am Anfang der Erkrankung neigen Betroffene zu depressiven Stimmungen, in denen der Appetit fehlt. Gerade hier kann ein gutes Essen aber auch wieder Lebensmut und positive Stimmung vermitteln. Der englische Begriff *soulfood* drückt diesen Gedanken gut aus.

Genügend Flüssigkeit vor genügend Nahrung. Tatsächlich ist aus ernährungsphysiologischer Sicht die Aufnahme von Flüssigkeit dringlicher als die von Nahrung. Daher sollten gerade Parkinsonpatienten darauf achten, täglich 1,5 bis 2 l zu trinken.

Sie sollten das Essen tageszeitlich strukturiert einnehmen. Machen Sie keine Wissenschaft daraus (sagt der Wissenschaftler), aber legen Sie klare Zeiten fest, zu denen Sie frühstücken, Ihr Mittag- und Ihr Abendessen einnehmen. Dies erleichtert Ihnen das Timing mit den Medikamenten und verbessert die Medikamententreue.

Ihr Essen sollte ausgewogen sein. Es gibt keine Evidenz dafür, dass Trennkost, Proteinverzicht oder ähnliche Strategien langfristig Vorteile bieten. Kohlenhydrate, Fette und Proteine sind alle notwendigen Bestandteile der Ernährung. Wichtig ist es, dass Sie auf eine adäquate Kalorienzufuhr achten, damit sich Ihr Gewicht im Normalbereich stabilisiert.

Parkinsonspezifische Regeln sollten befolgt werden:
- Abstände zu Levodopa einhalten
- regelmäßig Vitamin B_{12} kontrollieren lassen
- nachtrinken nach Tabletteneinnahme, idealerweise mit kohlensäurehaltigem Wasser
- Nach dem Essen behutsam mit sich umgehen und vorsichtig aufstehen, da Parkinsonkranke zu Blutdruckfehlregulation neigen können.

Gesund und vollwertig essen bei Parkinson

»Eine ausgewogene Ernährung soll es sein, aber keiner sagt einem, wie das geht.«

Im Herbst 2018 befand ich mich bei einem Vortrag für Parkinsonpatienten in Mühldorf im schönen Oberbayern, als ich genau diesen Satz von der Ehefrau eines an Parkinson erkrankten Mannes hörte.

Daraufhin begann ich zu recherchieren und habe nur wenig Informationsmaterial gefunden, das für Patienten und ihre Angehörigen geeignet ist. So entstand die Idee zu diesem Buch und ich hoffe, diese Ehefrau damit erreichen zu können.

Nun aber zu der Frage: Was ist denn eine ausgewogene Ernährung?

Mit ausgewogener Ernährung umschreiben Ratgeber, Kochbücher, aber auch Ärzte und Angehörige anderer Heilberufe eine gesunde Ernährung, die vielfältig, bunt, aber vor allem lecker sein sollte. Durch den zunehmenden Verzehr von Fertigprodukten, die meist stark verarbeitet sind, ernähren wir uns sehr einseitig. Auch wenn gestern eine Pizza, heute ein Nudelgericht aus der Tüte und morgen Pommes mit Ketchup und Mayo auf den Tisch kommen, ist das nicht sehr abwechslungsreich. Denn all diese Gerichte, so gut sie auch schmecken mögen, sind größtenteils reine Energielieferanten. Einen Mehrwert außer einer Menge Kalorien gibt es bei den wenigsten. Fast Food oder auch klassisch stark verarbeitete Produkte wie Wurst enthalten enorme Mengen an Fett, Salz und Zucker, selbst wenn es oft auf den ersten Blick nicht zu erkennen ist. Unser Geschmack hat sich an bestimmte Gewürzmischungen in Fertigprodukten und an Kohlenhydrat-Fett-Proportionen angepasst, sodass ein bunter und zudem gesunder Salat wie Hasenfutter daherkommt.

Es gibt eine gute Nachricht: Unser instinktives Gespür und Verlangen nach energiereicher, aber auch frischer, knackiger, gesunder und vielfältiger Nahrung geht nicht verloren. Es muss lediglich eine Umprogrammierung stattfinden. Nehmen Sie sich ab jetzt Zeit, Ihre Gerichte in der Küche selbst zuzubereiten. So entscheiden Sie, was genau in die Mahlzeit kommt, und können so ganz einfach Ihrer Gesundheit etwas

Gutes tun und den bewussten Umgang mit der eigenen Ernährung schulen.

Wochenmärkte sind eine tolle Inspiration und in der Regel arbeitet dort gut ausgebildetes Personal, das sich mit der Herstellung und Herkunft der Produkte, aber auch mit deren Zubereitung bestens auskennt. Mit einem Einkauf unterstützen Sie die Bauern Ihrer Region und tragen zum Klimaschutz bei, denn die Wege, die Gemüse oder Fleisch hinter sich haben, sind meist kurz. Alternativ zum Wochenmarkt bieten einige produzierende Betriebe eine sogenannte »Öko-Kiste« an, die bis an die eigene Haustür geliefert wird. Man kann zwischen verschiedenen Inhalten wählen und kommt so auch ohne den Gang zum Markt an frische, gesunde und nachhaltige Lebensmittel in Bioqualität.

Zu einer ausgewogenen Ernährung gehört aber ebenso eine ausreichende Zufuhr an Flüssigkeit. Täglich 1,5 bis 2 l sollten es sein. Es wird oft unterschätzt, was eine »Austrocknung«, eine sogenannte Exsikkose, über einen langen Zeitraum anrichten kann. Kreislaufprobleme sowie die Entstehung bzw. die Verschlechterung einer schon existierenden Verstopfungsneigung bis hin zu Verwirrtheitszuständen können die Folgen sein. Wie Dr. Fietzek bereits erwähnt hat, benötigen Patienten, die an Parkinson leiden, schlicht ein Transportmittel, damit die eingenommenen Tabletten auch dahin gelangen, wo sie letztendlich resorbiert werden. Das funktioniert hervorragend mit einem großen Glas Sprudelwasser.

Ernährung bei Morbus Parkinson

Bei der Diagnose Parkinson ist grundsätzlich jedes Lebensmittel »erlaubt«. Allerdings ist nicht jedes Lebensmittel auch gleich gut geeignet. Die optimale Form der Ernährung für Parkinsonpatienten ist die mediterrane Küche.

Mediterrane Küche oder auch Kreta-Diät

Häufig wird dieser Begriff für die vielen verschiedenen Landesküchen der Mittelmeerregionen verwendet. Von Spanien über Südfrankreich bis Griechenland und der Türkei zählen insgesamt 23 Länder zur Mittelmeerregion und jedes hat seine ganz eigene, landestypische Küche. Die Mittelmeerküche wurde im Jahr 2010 durch die UNESCO in die Liste des immateriellen Kulturerbes der Menschheit aufgenommen und ist in aller Welt bekannt.

Zu den Grundelementen zählen:

- Olivenöl und Oliven
- frisches Gemüse und Obst mit kräftigen Farben wie Paprika, Tomaten, dunkle Trauben und Beeren
- Knoblauch und Zwiebeln
- Fisch und Meeresfrüchte – meist fangfrisch serviert
- frische Kräuter wie Rosmarin, Thymian, Oregano, Fenchel, Kümmel, Salbei und Basilikum
- Vollkornprodukte wie Reis und Nudeln
- Rotweinbegleitung zum Essen

Eine Region rund um das Mittelmeer sticht allerdings besonders hervor: Griechenland, speziell die Insel Kreta. Sie beherbergt die gesündesten Menschen Europas, wenn man sich die Herzinfarktrate anschaut. Aber auch das Auftreten von Alzheimer und Parkinson wird hier seltener beobachtet.

Die Ernährung der Kreter basiert auf vielen pflanzlichen Bestandteilen wie z. B. reichlich dunklem Blattgemüse, das zu jeder Mahlzeit serviert wird. Von hochwertigem Olivenöl werden mehrere Esslöffel täglich in verschiedenen Speisen verzehrt. Fleisch, Milchprodukte und zuckerreiche Süßspeisen kommen eher selten auf den Tisch, dafür aber viel frischer Fisch, reichlich Obst, Hülsenfrüchte, Samen und Körner. Zum Essen genießen sie ein kleines Glas Rotwein.

Durch ihre Einfachheit, die sich auf die Herstellung aromatischer Speisen mit Zutaten aus der Region konzentriert, ist diese Form der Ernährung unkompliziert und lässt sich ohne Schwierigkeit in unseren Alltag integrieren. Die meisten Komponenten sind auch hierzulande bekannt und können fast überall gekauft werden. Kulinarisch hat die Mittelmeerküche sehr viel zu bieten. Die Gerichte sind frisch, überraschend und sehr würzig. Langeweile kann gar nicht aufkommen.

Grundumsatz und Energiebedarf

Patienten, die an Parkinson erkrankt sind, haben meist einen gesteigerten Grundumsatz. Das heißt, dass der Körper über den Tag viel mehr Kalorien verbrennt, um seine Grundfunktionen aufrechtzuerhalten, als bei Menschen, die nicht an Parkinson leiden. Diese Kalorien sollten aber dem Körper auch zusätzlich zugeführt werden. Andernfalls wäre eine unkontrollierte Gewichtsabnahme die Folge.

Für die Berechnung des Grundumsatzes gibt es verschiedene Formeln. Der Grundumsatz gibt die Energiemenge an, die ein Körper in Ruhe zur Aufrechterhaltung lebenswichtiger Funktionen wie Herzschlag oder Atmung benötigt. Die einfachste Formel ist: Gewicht in kg × 24 h = Grundumsatz. Eine Person, die 75 kg wiegt, hat einen Grundumsatz von etwa 1800 kcal/Tag. Bei dieser Formel ist keinerlei Aktivität eingeschlossen.

Sprechen Sie mit Ihrem Arzt über Ihren ganz individuellen Energiebedarf und achten Sie auf Ihr Gewicht. Auch eine Ernährungsberatung kann hilfreich sein, den eigenen Bedarf festzulegen und im Auge zu behalten.

Energieliefernde Bestandteile unserer Nahrung sind die sogenannten Makronährstoffe. Sie unterteilen sich in Eiweiß, Fett und Kohlenhydrate. 1 g Eiweiß und ebenso 1 g Kohlenhydrate enthalten rund 4 kcal, die wir zur Energiegewinnung nutzen können. 1 g Fett ganze 9 kcal.

Makronährstoffe

Eiweiße

Sie sind wahre Helden auf den Baustellen unseres Körpers, denn Eiweiße (Proteine) sind für den Aufbau und die Erneuerung unserer Zellen verantwortlich. Zusätzlich sorgen sie dafür, dass unser Immunsystem funktioniert, und sind an der Bildung von Hormonen beteiligt. Eiweißmoleküle bestehen aus 20 verschiedenen Aminosäuren, von denen 8 lebensnotwendig (essenziell) sind und vom Körper nicht selbst aufgebaut werden können – sie müssen mit der Nahrung aufgenommen werden. Der Gehalt an essenziellen Aminosäuren bestimmt den Wert des Proteins im Lebensmittel.

Tierische Eiweiße gleichen den körpereigenen Aminosäurestrukturen mehr als pflanzliche Eiweiße und können daher besser in körpereigene Aminosäuren umgewandelt werden. Die Wertigkeit des tierischen Eiweißes ist höher, da es mehr essenzielle Aminosäuren enthält. Allerdings weisen pflanzliche Eiweißquellen einen deutlich geringeren Gehalt an Fett und Kalorien auf. Tierische Lebensmittel enthalten häufig gesättigte Fettsäuren, viel Cholesterin und bilden im Körper Harnsäure, die bei einem Überschuss Herz-Kreislauf-Erkrankungen und eine Störung des Fettstoffwechsels begünstigen kann.

Um den Körper mit hochwertigen Eiweißen zu versorgen, ist es also wichtig, auf die Qualität und die Varianz der verschiedenen Eiweiße zu achten. Mögliche Quellen sind Fleisch, Fisch und Milchprodukte, aber auch Hülsenfrüchte, Soja und Nüsse.

Versuchen Sie, viele verschiedene pflanzliche und tierische Eiweißquellen über den Tag verteilt zu sich zu nehmen, wobei Sie pflanzliche Lebensmittel bevorzugen sollten. Fleisch sollte maximal 2 x/Woche auf den Tisch kommen und aus der Region stammen. Bei dieser Nahrungszusammenstellung kann Ihr Körper auf verschiedenste Aminosäuren zurückgreifen und verfügt damit über das benötigte »Baumaterial«.

Eiweiße sind also ein wichtiger Bestandteil einer gesunden Ernährung, dennoch gibt es für Patienten mit Parkinson einiges zu beachten.

Chemisch sind sich Levodopa und die Eiweiße aus unserer Nahrung sehr ähnlich und nutzen denselben Transportweg von der Darmschleimhaut in den Blutkreislauf. Kommen jetzt eine große Eiweißportion, z. B. vom Mittagessen, und Levodopa zeitgleich im Dünndarm an, konkurrieren sie um die Aufnahme in den Blutkreislauf. Der Transportweg kann schnell überlastet sein, und somit wird unter Umständen nicht genügend Levodopa ins Blut aufgenommen und die gewünschte Wirkung kann unzureichend sein oder gar ausbleiben. Der Eiweißanteil einer Mahlzeit spielt also eine sehr wichtige Rolle.

Empfehlung der DGE für die Eiweißzufuhr

Die Deutsche Gesellschaft für Ernährung (DGE) empfiehlt: 0,8 bis 1,0 g Eiweiß pro kg Körpergewicht pro Tag. Bei einer Person mit 70 kg Körpergewicht wären das 56 bis 70 g Eiweiß pro Tag. In 200 g magerem Rindfleisch stecken z. B. ca. 50 g Eiweiß, ebenso enthalten 200 g rote Linsen um die 50 g Eiweiß.

Für die Funktionen unseres Organismus ist aber von enormer Wichtigkeit, deshalb auf keinen Fall weniger Eiweiß zu sich zu nehmen. Vielmehr sollte versucht werden, die Mahlzeiten geschickt um die Medikamenteneinnahmen herum zu planen. Eine weitere Möglichkeit ist es, im Bedarfsfall Mahlzeiten mit moderatem oder geringem Eiweißgehalt zu sich zu nehmen, sodass die Aufnahme des Levodopa ins Blut weitestgehend gewährleistet ist. Es sollte aber möglichst die oben genannte Empfehlung der DGE erreicht werden. Langfristig zu wenig Eiweiß in der Ernährung kann das Immunsystem schwächen und zum Abbau von Muskelmasse führen. Verlagern Sie also eiweißreiche Mahlzeiten auf Zeitpunkte, zu denen denen Sie weniger aktiv sein müssen, z. B. am Abend oder nach der Arbeit.

Die Rezepte in diesem Buch sind mit »geringer, mäßiger und hoher Eiweißgehalt« pro Portion gekennzeichnet, damit Sie passende Rezepte für alle Situationen schnell herausfinden können.

Fette

Fette haben leider noch immer einen schlechten Ruf, doch sie sind ein wichtiger Bestandteil einer ausgewogenen Ernährung und dürfen in keiner Mahlzeit fehlen. Die Vitamine A, D, E und K können erst durch die Beteiligung von Fett in der Nahrung im Körper aufgenommen werden – sie sind fettlöslich. Fette sind Geschmacksträger und ein wichtiger Energielieferant (1 g Fett enthält 9 kcal, wohingegen Eiweiße und Kohlenhydrate nur 4 kcal pro Gramm enthalten). Insgesamt sollten sie ca. 30 % unserer täglichen Gesamtenergiezufuhr ausmachen.

Für die Gesundheit von Herz und Gefäßen sind sie entscheidend. Ja, tatsächlich, Fette sind sehr gesund.

Allerdings gilt es hier zu unterscheiden: Aufgrund ihrer chemischen Struktur spricht man von gesättigten und einfach bzw. mehrfach ungesättigten Fettsäuren.

Gesättigte Fettsäuren Zu den gesättigten Fettsäuren gehören beispielsweise Kokosfett und Palmöl, die in vielen Fertigprodukten, aber auch in schmackhaften Backwaren vorkommen. Erhebliche Mengen befinden sich vor allem in tierischen Produkten wie Wurst, Fleisch, Sahne und Schmalz. Je höher der Anteil dieser Fettsäuren in unserer Nahrung ist, umso ungünstiger wirken sie sich auf unsere Gesundheit aus. Gesättigte Fettsäuren erhöhen das gesundheitsgefährdende LDL-Cholesterin im Blut und können dadurch das Risiko für einen Herzinfarkt oder Schlaganfall erheblich erhöhen. Genießen Sie Lebensmittel mit einem hohen Anteil an gesättigten Fettsäuren bewusst und in Maßen. Achten Sie wenn möglich auf Herkunft und Qualität.

Einfach ungesättigte Fettsäuren Ein bedeutender Vertreter und mein absoluter Liebling in der Küche ist das Olivenöl. Es liefert Oleinsäure, die für uns wichtigste einfach ungesättigte Fettsäure. Aber auch Rapsöl, Weizenkeimöl sowie Avocados und Mandeln enthalten einen beachtlichen Anteil.

Einfach ungesättigte Fettsäuren haben die Fähigkeit, das »böse« LDL-Cholesterin im Blut zu senken, aber auch das gesundheitsfördernde HDL-Cholesterin (Eselsbrücke: Hab Dich Lieb) zu steigern. Körperliche Bewegung trägt ebenfalls zu einem ausgewogenen Verhältnis zwischen LDL- und HDL-Cholesterin bei.

Mehrfach ungesättigte Fettsäuren
Die Omega-3-Fettsäuren nehmen hier einen besonderen Platz ein. Sie verbessern die Fließeigenschaft des Blutes, wirken blutdrucksenkend und entzündungshemmend und hemmen die Blutgerinnung. Zu den wichtigsten Omega-3-Fettsäuren gehören die Alpha-Linolensäure (ALA), die Eicosapentaensäure (EPA) und die Docosahexaensäure (DHA); die Letzteren sind besonders stoffwechselaktiv.

Alpha-Linolensäure kann von unserem Körper nicht hergestellt werden. Sie ist essenziell, was bedeutet, dass sie von uns mit unserer Nahrung aufgenommen werden muss. In großen Mengen zu finden ist sie in pflanzlichen Lebensmitteln wie Walnüssen, Leinsamen, Leinöl sowie in Raps- und Walnussöl.

Eicosapentaensäure und Docosahexaensäure kann unser Körper in geringem Mengen selbst aus Alpha-Linolensäure herstellen, den Rest müssen wir über die Nahrung, die wir zu uns nehmen, abdecken. Diese beiden Fettsäuren liefern besonders fette Kaltwasserfische wie Makrele, Hering, Lachs oder Sardellen. In hoher Konzentration sind sie ebenso in pflanzlicher Form zu finden, etwa in bestimmten Mikroalgen wie Spirulina oder Chlorella. Damit Omega-3-Fettsäuren in unserem Körper gut wirken können, muss eine gewisse Balance zwischen Omega-3- und Omega-6-Fettsäuren herrschen. Beide nutzen das gleiche Enzym, um in den Körper aufgenommen zu werden. Überwiegt der Anteil der Omega-6 Fettsäuren in unserer Nahrung, werden nicht mehr genügend schützende Omega-3-Fettsäuren aufgenommen. Omega-6-Fettsäuren sind als pflanzliche Linolsäure z. B. in Sonnenblumenöl, Weizenkeimöl, Sesamöl und Distelöl enthalten. Die tierische Arachidonsäure findet man z. B. in Schweineschmalz, Eigelb, Rind- und Hühnerfleisch.

Um eine optimale Omega-3-Versorgung zu gewährleisten, sollte man dauerhaft Sonnenblumen- und Distelöl beim Kochen gegen ein hochwertiges Oliven- und Rapsöl austauschen, täglich etwa 1 bis 2 TL Leinöl zu sich nehmen und 1- bis 2-mal wöchentlich Mahlzeiten mit frischem Fangfisch wie Lachs oder Makrele auf den Tisch bringen.

Bei unseren heutigen Ernährungsgewohnheiten nehmen wir im

Durchschnitt Omega-3 zu Omega-6 im Verhältnis 1 : 12 bis 1 : 25 auf. Wissenschaftlichen Studien zufolge bräuchte es aber mindestens ein Verhältnis von 1 : 5, um eine ausreichend schützende und gesundheitsfördernde Wirkung von Omega-3 sicherzustellen.

Levodopa immer vor den Mahlzeiten einnehmen

Als Faustregel gilt: Levodopa 30 Minuten vor der Mahlzeit einnehmen. Sollten Sie die Einnahme einmal vergessen haben, dann warten Sie nach der Mahlzeit mindestens 90 Minuten, denn auch dann ist der Magen-Darm-Trakt noch voll und das L-Dopa wird deutlich schlechter resorbiert. Die Einnahme nach dem Essen (mit großem Abstand) sollte also die absolute Ausnahme darstellen.
Aber auch für die ganze Reihe anderer Parkinsonmedikamente, die zu anderen Wirkstoffklassen zählen, empfiehlt es sich, die Einnahmezeit im Abstand zum Essen zu wählen. Denn ein Verdauungstrakt, der mit der Zerkleinerung unserer Nahrung beschäftigt ist, konzentriert sich auf den gesamten Inhalt und nicht nur auf die Wirkstoffe, die Parkinsonsymptome lindern.

Kohlenhydrate

Kohlenhydrate sind neben den Fetten unsere wichtigste Energiequelle und liefern 4 kcal pro 1 g. Sie kommen in unserer Nahrung als Zucker, Stärke und Ballaststoffe vor und finden sich vor allem in Getreideprodukten wie Brot, Reis und Nudeln. Alle Kohlenhydrate sind aus denselben Bausteinen zusammengesetzt – den Zuckermolekülen. Je nachdem wie viele von ihnen eine Kette bilden, unterscheidet man Einfach-, Zweifach- oder Mehrfachzucker. Auf dem Weg durch unseren Körper werden alle Kohlenhydrate, egal wie langkettig sie auch sind, zu Einfachzuckern, z. B. Glukose, Fruktose und Galaktose, aufgespalten.

Mehrfachzucker (Polysaccharide)
Mehrfachzucker verstehen wir besser, wenn von Stärke in Lebensmitteln die Rede ist, wie sie z. B. vermehrt in Kartoffeln und Reis vorkommt. Sie sind die Sattmacher unter den Kohlenhydraten, denn sie werden besonders langsam verdaut und kommen erst nach und nach als Zuckermolekül im Blut an.

In stärkehaltigen Lebensmitteln finden sich oft viele sekundäre Pflanzenstoffe (Seite 32) sowie Ballaststoffe (Seite 36). Diesen zwei Vertretern der nützlichen, gesundheitsfördernden Inhaltsstoffe unserer Nahrung ist ein eigenes Kapitel in diesem Buch gewidmet.

Zweifachzucker (Disaccharide) Disaccharide sind Kohlenhydrate, die durch die Verknüpfung von zwei Monosacchariden unter Abspaltung von Wasser (Kondensation) entstehen und häufig in Pflanzen, vor allem in Obst, vorkommen, aber auch z. B. als Laktose in der Milch von Säugetieren. Aus Zuckerrüben oder Zuckerrohr wird unser haushaltsüblicher Kristallzucker gewonnen.

Einfachzucker (Monosaccharide) Einfachzucker sind die chemisch kleinsten Bestandteile der Kohlenhydrate und können bzw. müssen nicht mehr durch die Verdauung aufgespalten werden. Im Sport oder nach intensiver Belastung kann diese schnelle Verfügbarkeit von Energie im Blut von Vorteil sein und dem Körper schnell den benötigten Nachschub liefern. In Alltagssituationen ist unser Organismus aber mit großen Mengen an schnell verfügbarer Energie regelrecht überfordert. Einfachzucker lassen den Zuckerspiegel im Blut rasch ansteigen und auch schnell wieder abfallen. Es kommt zu einem Leistungsabfall, der oft mit Müdigkeit einhergeht. Langfristig hohe Zuckerzufuhr kann zu einer Insulinresistenz führen und somit

Die Nahrung soll zu 50 % aus Kohlenhydraten bestehen

Kohlenhydrate machen mengenmäßig den größten Bestandteil der Nahrung aus. Die Deutsche Gesellschaft für Ernährung empfiehlt, einen Anteil von über 50 % an der Gesamtenergiezufuhr mit Kohlenhydraten zu decken. Dabei sollte aber den komplexen Kohlenhydraten (sogenannten Polysacchariden) immer der Vorzug gegeben werden. Sie liefern Ballaststoffe, Vitamine und sekundäre Pflanzenstoffe.

Diabetes und andere chronische Erkrankungen begünstigen.

Einfachzucker sind häufig in Süßigkeiten zu finden, aber auch in Limonaden, Energydrinks und Fruchtsäften. Versuchen Sie diese Getränke zu meiden.

Bezüglich unserer täglichen Nahrung sind aber noch mehr Untergruppen zu erwähnen als nur die Makronährstoffe. In einer gesunden und ausgewogenen Ernährung spielen nämlich die sogenannten Mikronährstoffe eine besondere Rolle. Sie liefern zwar keinerlei Energie, haben aber durchaus einen großen positiven Effekt auf unseren Körper, wenn sie ausreichend vorhanden sind. Ein Mangel wirkt sich dementsprechend auch negativ aus.

Inhaltsstoffe wie Vitamine, Mineralstoffe, Spurenelemente, aber auch die immer bekannter werdenden sekundären Pflanzenstoffe sowie die Ballaststoffe sind absolut notwendig, um unseren Körper gesund zu halten und mit allen wichtigen Nährstoffen zu versorgen.

Mikronährstoffe

Sekundäre Pflanzenstoffe

Diese Pflanzenstoffe sind hochwirksame Mikronährstoffe. Sie verleihen Tomaten, Paprika und Brokkoli ihre leuchtende Farbe und Knoblauch oder auch Zwiebeln den typischen Geruch. Für die Pflanzenwelt bedeuten diese Substanzen Schutz gegen Schädlinge und Umwelteinflüsse. Für den Menschen, der sie täglich mit seiner Nahrung aufnimmt, scheinen sie aber ebenso eine Schutzwirkung zu entfalten, z. B. bezüglich verschiedener Krebsarten.

Sie sind in allen unverarbeiteten pflanzlichen Lebensmitteln enthalten, in hohen Mengen aber auch in Rotwein. Wein, sowie Alkohol generell, sollte aber wegen der möglichen Wechselwirkungen mit der Medikation nur in Absprache mit dem behandelnden Arzt und auch dann nur in Maßen getrunken werden.

Sekundären Pflanzenstoffen werden viele Eigenschaften zugeschrieben, die der Gesundheit dienlich sind. Bis vor Kurzem wurde fast ausschließlich den Vitaminen, Mineralstoffen und Ballaststoffen eine positive Wirkung zur Vorbeugung gegen chronische Erkrankungen nachgesagt. In den letzten Jahren sind allerdings durch Studien viele neue Erkenntnisse veröffentlicht worden, die vermuten lassen, dass wir es hier mit einem Cocktail aus gesundheitsfördernden Stoffen zu tun haben.

Der aktuelle Kenntnisstand bezüglich der Bedeutung der sekundären Pflanzenstoffe für die Gesundheit hat sich in den letzten Jahren deutlich erweitert. Dennoch können keine Aussagen über die gesundheitsfördernde Wirkung isolierter Pflanzenstoffe getroffen werden. Nach

Komplexe Kohlenhydrate sind besonders gesund

Zu den komplexen Kohlenhydraten gehören z. B. Kartoffeln, Getreide, Vollkornprodukte sowie Hülsenfrüchte.

heutigem Wissen ist es das »große Ganze«, auf das es ankommt, nämlich alle Stoffe, die z. B. in einem Apfel stecken.

Der alte Spruch »An apple a day keeps the doctor away« hat also durchaus noch seine Gültigkeit. Jeden Tag sollte frisches Gemüse und Obst seinen Weg auf unseren Speiseplan finden. Man kann sagen, dass sich mit einer pflanzenbasierten, bunten Ernährung die Einnahme von Nahrungsergänzungsmitteln (z. B. Vitaminpräparate) bei einem gesunden Menschen in den allermeisten Fällen vermeiden lässt. Sie sind oft teuer, künstlich hergestellt und zeigen in Studien mit isolierten Vitaminen sogar einen negativen Einfluss bei langjähriger Einnahme in hohen Mengen.

Alles, was wir brauchen, finden wir in der Natur. Decken Sie also Ihren Bedarf an Vitalstoffen täglich z. B. mit knallroten, regional angebauten Erdbeeren im Müsli oder Shake, im Curry mit quietschgelbem Kurkuma oder mit köstlich duftendem Knoblauch und gesunden Zwiebeln im Abendessen.

Welche Schutzwirkungen können sekundäre Pflanzenstoffe ausüben?

- Antioxidative Wirkung: Antioxidativ heißt, dass die vom Körper produzierten freie Radikale aufgespürt und absorbiert werden können. Freie Radikale entstehen durch verschiedene Stoffwechselprozesse im Körper, aber auch vermehrt durch äußere Einflüsse, wie Zigarettenrauch, UV-Strahlung der Sonne oder Umweltgifte. Die durch unseren Stoffwechsel entstehenden freien Radikale sind längst nicht immer schädlich. Für die Gesundheit entscheidend ist aber das Gleichgewicht zwischen ihnen und den körpereigenen Ressourcen für die Entgiftung. Schafft unser Körper es nicht, diese Balance herzustellen und den Überschuss an freien Radikalen zu neutralisieren, entsteht der sogenannte oxidative Stress. Er steht im Verdacht, am Alterungsprozess und an der Entstehung verschiedener Erkrankungen beteiligt zu sein.
- Senkung des Cholesterinspiegels: Ein stabiler Wert im Referenzbereich des Cholesterinspiegels ist erstrebenswert. Wir wissen ja, welchen Schaden an Gefäßwänden und letztlich an unserem Herzen ein zu hohes Cholesterin verursachen kann. Eine dauerhaft gesunde Ernährung, reich an sekundären Pflanzenstoffen, kann durchaus dazu führen, dass sich der Wert normalisiert und cholesterinsenkende Medikamente abgesetzt werden können. Hierzu ist aber eine engmaschige Betreuung und Beratung durch Ihren behandelnden Arzt notwendig.
- Antientzündliche Wirkung: Viele Entzündungsprozesse laufen in unserem Körper täglich ab, ohne bemerkt zu werden. Unser Körper wird lange nicht müde, jede einzelne Zelle bis zur völligen Erschöpfung zu verteidigen. Sekundäre Pflanzenstoffe sind ein hochpotenter Helfer, um entzündliche Vorgänge auszubremsen oder gar zu minimieren.
- Steigerung der Abwehrkräfte und Schutz vor Infektionen: Der Wirkmechanismus der sekundären Pflanzenstoffe liegt in der Anregung unseres Immunsystems. Die Anzahl der im Blut befindlichen sogenannten Killerzellen steigt und stärkt messbar das Immunsystem. Killerzellen spüren krankhaft veränderte Körperzellen, wie beispielsweise von Krankheit befallene Zellen oder Krebszellen, auf und führen deren Tod herbei. Sozusagen unsere körpereigene Immunpolizei.
- Antikanzerogene Wirkung: Als antikanzerogen bezeichnet man Substanzen, die nachweislich eine krebshemmende Wirkung haben. Viele Vertreter der sekundären Pflanzenstoffe besitzen diese Eigenschaft, da sie z. B. ein unkontrolliertes Zellwachstum hemmen.

Bislang sind etwa 100 000 verschiedene Substanzen bekannt, wobei bis zu 20 000 davon in der menschlichen Nahrung vorkommen.

Sesamsaaten sind reich an Phytosterinen.

- Flavonoide: Sie gehören zu den Pflanzenfarbstoffen, die eine tiefrote, violettlila oder blaue Färbung verursachen. Sie kommen direkt in oder unter der Schale von Beeren, Pflaumen, Kirschen, roten Trauben, aber auch Tomaten, Auberginen und Rotkohl vor. Sie besitzen die Fähigkeit, unser Herz zu schützen. Sie sind in der Lage, Gefäßverengungen zu reduzieren, und schützen unsere Zellen vor freien Radikalen.
- Carotinoide: Durchaus bekannt sind die Carotinoide für die gelbe bis rötliche Färbung z. B. in Tomaten, Karotten und Aprikosen; aber auch Gemüse wie Grünkohl und Brokkoli mit einer eher kräftig grünen Farbe enthalten Carotinoide. Sie wirken im Organismus antioxidativ wie die Flavonoide und können im Körper in Vitamin A umgewandelt werden.
- Glucosinolate: In Kraut, Radieschen und z. B. in Kresse befinden sich sogenannte Senföle oder auch Glucosinolate. Sie verleihen den leicht scharf schmeckenden Pflanzen ihren typischen Geschmack. Glucosinolate werden über die Atem- und Harnwege ausgeschieden und können so eine ungemütliche Umgebung für Bakterien schaffen. Lange galten sie als schädlich für unsere Gesundheit. Heute kennt man die antibiotische und kanzerogene Wirkung.
- Phytosterine: Einfach gesagt sind Phytosterine das Gegenstück zum Cholesterin aus tierischen Lebensmitteln und ihm chemisch sehr ähnlich. Die Wirkung im menschlichen Organismus lässt aber das Cholesterin sinken, denn beide Stoffe konkurrieren um die Aufnahme in den Körper. Je höher der Anteil der Phytosterine in unserer Nahrung, umso weniger tierisches Cholesterin kann aufgenommen werden. Außerdem sollen sie das Risiko, an Dickdarmkrebs zu erkranken, verringern. Zu finden sind Phytosterine in Sonnenblumenkernen, Sesamsaaten und Nüssen.
- Phenolsäuren: Sie gehören zur Gruppe der Polyphenole. Oft zu finden sind sie in der Schale oder den äußeren Schichten von Pflanzen. Sie dienen als Schutz vor einem Befall mit Bakterien oder Schädlingen. Für uns sind sie durch ihre antioxidative Wirkung in tieferen Gewebeschichten attraktiv. Auch Phenolsäuren jagen die freien Radikale und senken, ebenso wie ihre Kollegen davor, das Risiko für bestimmte Krebserkrankungen. Finden kann man sie häufig als Ellagsäure in Erdbeeren und Walnüssen. In Kohl, Paprika und grünen Bohnen sind sie als Ferula- oder Kaffeesäure enthalten.

Vitamine

Diese kleinen, unsichtbaren Helfer sind lebensnotwendig. Es gibt 13 Vitamine, die ganz unterschiedliche Aufgaben in unserem Körper haben. Sie sind an diversen Stoffwechselprozessen beteiligt und unterstützen uns z. B. bei der Immunabwehr, dem Aufbau von Körpergewebe, der Bildung von Hormonen und der Entgiftung von Schadstoffen.

Alle Vitamine, bis auf Vitamin D, können vom Körper nicht selbst gebildet werden. Sie sind essenziell und müssen mit der Nahrung aufgenommen werden. Durch eine ausgewogene und frische Ernährung lässt sich dieses Ziel gut erreichen. Nahrungsergänzungsmittel oder mit Vitaminen angereicherte Lebensmittel sind in der Regel bei gesunden Menschen nicht notwendig.

Unterschieden werden zwei Gruppen: wasserlösliche Vitamine, wie Vitamin C und alle B-Vitamine, und fettlösliche, wie A, D, E und K. Letztere benötigen Nahrungsfette, um in den Körper aufgenommen werden zu können. Eine rohe Karotte steckt voller Vitamine, um aber möglichst viele herauszulösen, verzehren Sie sie mit etwas Öl, z. B. im Salat.

Vitamine findet man in allen Lebensmitteln, die wir täglich zu uns nehmen. Sogar Fleisch und Fisch liefern beachtliche Mengen. In besonders hohem Maße sind sie aber in pflanzlichen Produkten enthalten. Durch eine bunte, pflanzenbasierte Ernährung bekommt unser Körper also alles, was er benötigt.

In Zusammenhang mit der Parkinsonerkrankung sind insbesondere die Vitamine B_{12} und D zu erwähnen. Beide spielen eine wichtige Rolle und können bei einem Mangel unter Umständen Auswirkungen auf die Erkrankung haben:

Vitamin B_{12}

Enthalten in tierischen Produkten wie Fleisch, Leber, Fisch, Milch und Eiern, wirkt es an einer Reihe von Prozessen im Körper mit. Hierzu gehören die Bildung und Reifung von roten Blutkörperchen, der Stoffwechsel von Nervenzellen und der Aufbau des Stresshormons Serotonin.

Ein Mangel an Vitamin B_{12} bei Patienten, die an Parkinson leiden, ist womöglich auf eine Therapie mit L-DOPA zurückzuführen. Dieser Mangel kann das Risiko erhöhen, eine Neuropathie, z. B. ein Kribbeln in Armen und Beinen, Missempfindungen und Taubheitsgefühle, zu entwickeln.

Im Blut messen kann man den sogenannten Holotranscobalaminspiegel (kurz Holo-TC). Er gibt Aufschluss über die Versorgung des Körpers mit Cobalamin, wie Vitamin B_{12} auch genannt wird. So kann ein Mangel früh erkannt und ihm gegebenenfalls mit einer Nahrungsergänzung mittels Tabletten oder einer kleinen Depotspritze in den Muskel vorgebeugt werden. Besprechen Sie die regelmäßige Bestimmung des Wertes und der eventuell nötigen Substitution mit Ihrem behandelnden Arzt.

Um Vitamin B_{12} im Organismus herstellen und verwerten zu können, braucht es eine gesunde Darmflora mit einem möglichst artenreichen Mikrobiom und eine Eiweiß-Zucker-Verbindung, den sogenannten Intrinsic Factor, der in unserer Magenschleimhaut gebildet wird. Für die Speicherung des Vitamin B_{12} ist die Leber zuständig. Hier kann es bis zu fünf Jahre gespeichert und bei Bedarf abgegeben werden. Bei einer Vitamin-B_{12}-Resorptionsstörung oder bei veganer Ernährung macht sich jedoch ein Mangel sehr viel früher bemerkbar.

Vitamin-D-Hormon

Sonnenvitamin, wie es auch genannt wird, trifft es tatsächlich sehr gut. Vitamin D ist das einzige Vitamin, das mithilfe der UV-Strahlen des Sonnenlichts unter unserer Haut aus einer Form von Cholesterin gebildet werden kann. Zwischen März und Oktober steht die Sonne in unseren Breiten hoch genug, um die Bildung in Gang zu bringen. 15 bis 30 Minuten Sonnenlicht pro Tag, das auf die unbedeckte Haut trifft, sollten in dieser Zeit ausreichen. Der Wert des Vitamin D lässt sich ebenfalls im Blut bestimmen und so ein Mangel erkennen. Gegebenenfalls kann auch hier mit einem Vitamin-D-Präparat als Tropfen oder Tablette einem Mangel entgegengewirkt werden. Achten Sie besonders in den Wintermonaten auf eine ausreichende Versorgung und sprechen Sie mit Ihrem Arzt darüber.

Ganz genau genommen ist Vitamin D ein Hormon und zu seinen Aufgaben gehören die Förderung der Resorption von Kalzium und Phosphor aus der Nahrung und der Einbau dieser Mineralien in unsere Knochen. Für starke Zähne und vor allem Knochen ist es unentbehrlich. Durch eine gesteigerte Fallneigung bei der Parkinsonkrankheit ist das Risiko von Knochenbrüchen erhöht. Das kann mit starken und gesunden Knochen reduziert werden.

Ballaststoffe

Ballaststoffe sind die absoluten Superstars unserer Ernährung und in vielerlei Hinsicht sehr zuverlässige Helfer. Sie unterstützen die Verdauung, sind Futter für unser Darmmikrobiom, stabilisieren die Cholesterinwerte im Blut und halten uns lange satt. Lange galten sie als unnütz und haben daher auch ihren Namen. Als »Ballast«, aus dem keine Energie gewonnen wird, wurden die durchaus sehr nützlichen Pflanzenfasern gesehen.

Ballaststoffe sind unverdauliche Kohlenhydrate, die fast ausschließlich in pflanzlicher Nahrung vorkommen. Man unterscheidet zwei Arten: lösliche und unlösliche.

Bei den löslichen Ballaststoffen weiß man mittlerweile, dass der Darm sie teilweise aufschließen kann und nützliche Spaltprodukte von der Darmschleimhaut ins Blut aufgenommen werden. In mehreren Studien konnte man nachweisen, dass sich das Gesamtcholesterin und das »böse« LDL-Cholesterin im Blut um bis zu einem Viertel des Ausgangswerts durch lösliche Ballaststoffe senken lässt. Zu den löslichen Ballaststoffen zählen z. B. Pektine, die in großen Mengen in Äpfeln vorkommen, und Beta-Glukane, die in Haferflocken zu finden sind.

Aber auch die unlöslichen Ballaststoffe helfen unserem Körper sehr. Sie quellen im Darm auf, füllen ihn und als »Antwort« auf diese Volumenvergrößerung reagiert der Darm mit der Intensivierung seiner Tätigkeit und ist im besten Fall alles andere als träge. So wird die Darmpassage (Zeit von der Ankunft der Nahrung im Darm bis zur Ausscheidung) verkürzt und ebenso die Verweildauer des Stuhlgangs im Darm. Dies ist für einen reibungslosen Ablauf der Verdauung sehr wichtig, denn je länger der Stuhl im Dickdarm bleibt, desto mehr Wasser wird ihm entzogen, was letztlich oft zu Verstopfungen und einer schwierigeren Ausscheidung führen kann. Im Darm nimmt der durch Ballaststoffe verdickte Speisebrei auf dem Weg sogar noch Stuhlreste, Schlacken und Giftstoffe mit und erhält damit eine gesunde Darmflora.

Unseren Darmbakterien dienen Ballaststoffe als Nahrung, die den Artenreichtum der kleinen Helfer vervielfältigen, wenn sie gut gefüttert werden. Das wiederum wirkt sich positiv auf unser Immunsystem aus.

Eine Form von Ballaststoffen mögen unsere Darmbakterien ganz besonders: resistente Stärke. Sie entsteht durch das Abkühlen gekochter und stärkehaltiger Lebensmittel wie z. B. Kartoffeln oder Nudeln. Die chemische Struktur von Stärke wird durch das Erhitzen und anschließende Abkühlen verändert und die Stärke ist somit für unseren Dünndarm unverdaulich. Resistente Stärke ist so eine optimale Nahrungsquelle für unser Mikrobiom, denn im Dickdarm wird sie von Milchsäurebakterien abgebaut. Bei diesem Prozess entsteht Buttersäure, die sich wiederum positiv auf unsere Gesundheit auswirkt. Wissenschaftler gehen davon aus, dass sie das Risiko, an Dickdarmkrebs zu erkranken, verringern kann. In Tierversuchen konnte man zudem noch einen positiven Effekt auf den Blutzuckerspiegel feststellen.

Resistente Stärke entsteht etwa 12 bis 24 Stunden nach Erkalten stärkehaltiger Speisen und wird auch durch erneutes Erhitzen nicht zerstört. So liebt unser Darm also beispielsweise Kartoffelsalat, der lange im Kühlschrank durchgezogen ist. Ein passendes Rezept finden Sie weiter hinten im Buch (Seite 64).

Ballaststoffe zwingen uns, unsere Speisen besser zu kauen. Wegen der faserigen Bestandteile braucht es mehr Ausdauer, bis ballaststoffreiche Lebensmittel hinuntergeschluckt werden können. Das macht uns schneller satt und ist auch wichtig für die Kräftigung unserer Zähne und unserer Kaumuskulatur, die dadurch gut trainiert wird. Kauen Sie also sorgfältig das Essen vor dem Schlucken. Das entlastet zusätzlich den Darm.

Durch den hohen Verzehr von Fertigprodukten in den meisten Industrieländern ist der Anteil der Ballaststoffe an unserer täglichen Ernährung langsam, jedoch über die Jahre auf ein erschreckend niedriges Niveau gesunken. Die Deutschen kommen täglich auf ca. 19 g Ballaststoffe – 30 g sollten es aber sein.

10 ballaststoffreiche Lebensmittel

Lebensmittel	Ballaststoffgehalt pro 100 g
Weizenkleie	45 g
Leinsamen	39 g
Chiasamen	34 g
Weiße Bohnen	23 g
Sojabohnen	22 g
Pflaumen, getrocknet	18 g
Linsen	17 g
Kichererbsen	16 g
Kokosraspel	14 g

Daten aus: Wahrburg U, Egert S. TRIAS; 2018

Zum Glück findet sich in fast jedem Gemüse ein hoher Anteil. Die mit Abstand an der Spitze stehenden Lebensmittel sind jedoch Hülsenfrüchte, verschiedene Samen und Getreideprodukte. 100 g Kichererbsen und Bohnen in allen Variationen enthalten bis zu 15 g Ballaststoffe. Ebenso sind Leinsamen und sämtliche Kleiearten ein Garant für ein ballaststoffreiches Frühstück, wenn sie am Morgen in der Müslischale landen.

Eine optimale Ernährung mit einer ausreichenden Ballaststoffzufuhr lässt sich mit einer Mischung aus Vollkornprodukten, Gemüse, Obst, Kartoffeln, Hülsenfrüchten und Sauerkraut herstellen. Sauerkraut ist nicht nur ballaststoffreich, sondern enthält auch viele wertvolle sogenannte Probiotika, nämlich Milchsäurebakterien, die durch den Fermentierungsprozess entstehen.

Da Ballaststoffe aber, wie oben erwähnt, im Darm aufquellen und Flüssigkeit binden, muss auch in ausreichenden Mengen getrunken werden. Sonst kann der Effekt zu Verstopfungen führen. Trinken Sie deshalb immer mindestens 2 l Flüssigkeit, möglichst gleichmäßig über den Tag verteilt. Sollten Sie jedoch aufgrund einer Nieren- oder Herzinsuffizienz eine geringere Trinkmenge von Ihrem Arzt verordnet bekommen haben, dann halten Sie sich unbedingt an diese Vorgabe und nehmen Sie weniger Ballaststoffe zu sich.

Sport oder doch lieber den Körper schonen?

Ein weiterer Aspekt, der die Gesundheit ganz klar fördert, ist die Bewegung an der frischen Luft. Viele Kreter sind den ganzen Tag draußen und bewegen sich durch die vorwiegend körperliche Arbeit sehr viel. Aber auch eine kurze Ruhepause zur Mittagszeit hat sich in vielerlei Hinsicht gesundheitsfördernd gezeigt.

Tatsächlich spielt auch beim Parkinson die Bewegung eine ganz zentrale Rolle. Neben den Medikamenten ist sie die wichtigste Therapieform. Da die Beweglichkeit durch die Erkrankung oft eingeschränkt ist, können schnell Schonhaltungen und fehlerhafte Bewegungsabläufe antrainiert werden. Durch eine frühzeitig begonnene Ergo- und Physiotherapie werden Körperempfinden und Mobilität positiv beeinflusst. Ein regelmäßiges und anspruchsvolles, aber nicht exzessives Training verbessert die Körperhaltung und wirkt der Steifheit von Gelenken und Muskeln entgegen. Wenn Sie es an der frischen Luft praktizieren, wird Ihr Körper auch noch mit reichlich Sauerstoff überflutet.

Die Lebensqualität ist stark abhängig von der Teilhabe am Leben und dem Umgang mit sozialen Kontakten. Sprechen Sie mit einem Physiotherapeuten und vereinbaren Sie regelmäßige Termine. Werden Sie frühzeitig von einem Therapeuten betreut, können Fehlhaltungen meist besser korrigiert und der Verlauf der Parkinsonerkrankung kann so positiv beeinflusst werden. Es gibt speziell für Parkinsonpatienten entwickelte Trainings, die nachweislich zu einer Verbesserung von Beweglichkeit und Haltung beitragen. Zum Beispiel trainiert LSVT BIG® Alltagsbewegungen mit großer Amplitude und verbessert damit die Geschwindigkeit und den Umfang der Bewegungsabläufe.

Um etwas Abwechslung in das Training zu bekommen, können Sie Qigong oder auch Tanzen, beispielsweise Tango, ausprobieren. Beide Aktivitäten sind ebenso förderlich für das Trainieren der Bewegungsabläufe, die durch Parkinson beeinträchtigt sein können.

Finden Sie eine Balance zwischen Bewegung und Entspannung, die für Sie angenehm ist. Als Ausgleich für eine Stunde in der Physiotherapie können z. B. leichte Yogaübungen oder auch eine Meditation sehr hilfreich sein. Hierbei können Apps oder Anleitungen aus dem Internet Sie unterstützen. Erden Sie mit solchen Übungen Ihren Körper und nehmen Sie sich Zeit, auf ihn zu hören. Das hilft, gewisse Reaktionen zu verstehen und somit eventuell auftretenden Problemen vorzubeugen.

Kalt gepresstes Olivenöl nicht über 175 °C erhitzen

Beachten Sie, dass kalt gepresstes Olivenöl seinen Rauchpunkt bei etwa 175 °C erreicht. Bei Gerichten, die sehr scharf angebraten werden, wie z. B. Steaks, empfiehlt es sich, auf ein hitzestabileres Pflanzenöl auszuweichen. Beim Braten entstehen oft Temperaturen von über 200 °C, und kalt gepresstes Olivenöl würde in der Pfanne anfangen zu rauchen. Das Essen sollte dann keinesfalls verzehrt werden, denn es kommt zum chemischen Zerfall in Glycerin und Fettsäure und damit zur Entstehung von gesundheitsschädlichen Stoffen. Zu empfehlen ist hier ein hochwertiges, neutral schmeckendes Rapsöl. Für asiatische Gerichte eignet sich Kokosöl bestens.
In meinen Rezepten verwende ich häufig Olivenöl, achte jedoch sehr darauf, es nicht zu überhitzen und die Zutaten somit sanft anzubraten.

Was in der Küche nicht fehlen sollte

Olivenöl

Mit etwa 810 kcal pro 100 ml ist der Kaloriengehalt naturgemäß hoch, wie auch bei anderen Fetten und Ölen. Ein hochwertiges Olivenöl enthält allerdings bis zu 73 % ungesättigte Fettsäuren und ist besonders reich an gesundheitsfördernden Stoffen, wie z. B. an Oleinsäure, die nachweislich das LDL-Cholesterin im Blut senken kann. Weitere Inhaltsstoffe, wie Vitamin A und E oder die Mineralstoffe Kalium, Kalzium, Magnesium und Eisen, sind ebenfalls für einen gesunden Organismus bedeutsam.

Achten Sie, wenn möglich, auf ein kalt gepresstes oder auch als extra vergine bzw. nativ extra gekennzeichnetes Öl in Bioqualität. Qualitativ hochwertiges Olivenöl hat durchaus einen stolzen Preis. Das liegt an der traditionellen Herstellung. Nach der Ernte werden Oliven nur mit Druck gepresst und so wird ein Öl gewonnen, das viele Inhaltsstoffe der Olive enthält. Diese Art der Produktion ist aufwendig und bringt nicht so viel Ertrag wie das Auspressen der Olive mit Druck und viel Hitze. Dabei werden zum Druck nicht nur hohe Temperaturen, sondern teilweise sogar Lösungsmittel verwendet.
Die Ausbeute ist um ein Vielfaches höher. Das Öl muss nach der Gewinnung aber von »unerwünschten Begleitstoffen« gereinigt, also raffiniert werden. Hierbei gehen die gesundheitsfördernden Inhaltsstoffe aus der Olive weitestgehend verloren. Der natürliche Geschmack leidet am meisten und wird oft künstlich wieder zugesetzt.

Es lohnt sich also, in ein gutes Olivenöl zu investieren. Achten Sie darauf, dass es in jedem Fall extra nativ ist. Hier wird beim Gewinnen des Öls keine Hitze eingesetzt und somit bleiben die gesundheitsförderlichen Inhaltsstoffe weitestgehend erhalten.

Leinöl

Es ein absolutes Muss in der Küche. Für die tägliche Versorgung mit Omega-3-Fettsäuren reicht 1 Esslöffel z. B. im Müsli oder im Smoothie. Auch hier sollten Sie bevorzugt ein kalt gepresstes Öl aus biologischem Anbau einsetzen.

Wegen des hohen Gehalts an Alpha-Linolensäure wird Leinöl nach dem Öffnen schnell ranzig. Es sollte nach Anbruch im Kühlschrank aufbewahrt werden und nach ca. 4 Wochen aufgebraucht sein. Auch in der Verarbeitung sollte man darauf achten, dass es nicht zu heiß wird. Am besten das Öl einfach über kalte Speisen zum Ende der Zubereitung geben.

Haferflocken

Sie sind ein super Allrounder. Sie können im Müsli, im Smoothie, als Kekse, in einer Omelette, in Kuchen und Brot verwendet werden finden. Sie sind preiswert, halten lange satt, sind ein Ballaststoffkraftpaket und senken nachweislich den Cholesterinspiegel.

Frische Kräuter

Ob gefroren oder frisch aus dem Topf, Kräuter geben einem Gericht oftmals noch den letzten Schliff und sind sehr gesund. Man kann sie mittlerweile in jedem Supermarkt im Topf kaufen und mit ein bisschen Pflege halten sie auch lange. Sie haben oft entzündungshemmende Eigenschaften und regen den Stoffwechsel an. Wer mit Kräutern würzt, kann sich viel Salz sparen, was dem Bluthochdruck entgegenwirkt. Außerdem peppen sie so manch schnödes Mineralwasser auf. Geben Sie z. B. zwei bis drei frische Scheiben Orange mit einem Zweig Rosmarin in eine gefüllte Wasserkaraffe und lassen Sie alles etwa 1 Stunde durchziehen. Der Geschmack des Wassers ist sommerlich erfrischend.

Grüner Tee

Auch wenn seine Wirksamkeit nicht wissenschaftlich nachgewiesen werden konnte, tut er uns doch sehr gut. Allein die Entspannung bei einer

Frische Kräuter und Früchte peppen so manch schnödes Mineralwasser auf!

guten Tasse Tee hat positive Effekte auf den Organismus, und dazu schmeckt er auch noch. Probieren Sie einen original Sencha-Uchiyama-Tee aus Japan. Diese Sorte ist köstlich und reich an Polyphenolen. Um einen besonders angereicherten Tee zu erhalten, übergießen Sie ihn mit maximal 80 °C heißem Wasser und lassen ihn lange, bis zu 9 Minuten, ziehen. Der Geschmack wird bitterer, aber es werden viel mehr entzündungshemmende Stoffe ins Wasser abgegeben.

Nüsse

Nüsse haben viele gesunde Fettsäuren und sind in Maßen auch sehr gesunde Snacks. Vorsicht aber bei der Tabletteneinnahme – Nüsse sind Eiweißlieferanten und sollten mit Abstand zu den Tabletten gegessen werden.

Hülsenfrüchte

Hier begegnen wir den Superstars unter den Ballaststoff-, pflanzlichen Eiweiß- und sekundären Pflanzenstofflieferanten. Kichererbsen, Bohnen, Erbsen und Soja sind wahre Kraftpakete und versorgen uns mit reichlich Eisen, Magnesium, Zink, Kalium und den wichtigen B-Vitaminen.

Außerdem halten sie lange satt und können in vielen Gerichten die eiweißreiche Fleischkomponente ersetzen. Etwa das allseits beliebte Chili con Carne kommt wunderbar ohne Fleisch aus, wenn man statt Rindfleisch rote Linsen nimmt. Auch hier ist der Abstand zur Tabletteneinnahme wichtig.

Bananen

Sie liefern schnelle Energie, sind vielseitig einsetzbar und leicht zu kauen. Durch die komplexen Kohlenhydrate sind sie Futter fürs Gehirn und sie tragen durch das enthaltene Pektin zu einer gesunden

Darmflora bei. Nehmen Sie viele Tabletten ein, die bitter und schwer zu schlucken sind? Versuchen Sie es doch mit einem Stück weich gekauter Banane. Der bittere Geschmack wird etwas überdeckt und die Tablette rutscht im Bananenbrei viel leichter.

Flohsamenschalen

Das sind die Schalen der Samen eines Wegerichgewächses und sie stammen aus Indien. In Deutschland sind sie aus unseren Regalen nicht mehr wegzudenken, denn sie tragen einen Schleimstoff in sich, der Wasser auf das bis zu Zwanzigfache aufquellen lässt – so auch in unserem Darm. Das so vergrößerte Volumen des Stuhlgangs drückt auf die Innenwände des Verdauungstrakts und die Antwort des Darms sind peristaltische, also wellenförmige Bewegungen, die unseren Darminhalt weitertransportieren. Auf dem Weg nehmen sie auch noch allerhand Giftstoffe und Nahrungsreste aus dem Darm mit, und wir »entsorgen« alles schließlich in der Toilette. Zwei- bis viermal pro Woche angewendet, fördern Flohsamenschalen die Verdauung um ein Vielfaches.

Da sie große Mengen Flüssigkeit binden, ist es absolut notwendig, diese Flüssigkeit wieder zuzuführen. Trinken Sie über den Tag verteilt also genügend Wasser zum Ausgleich.

Bei häufiger Übelkeit unbedingt einen Arzt aufsuchen!

Leiden Sie häufig unter Übelkeit? Sprechen Sie unbedingt mit Ihrem Arzt! Anhaltende Übelkeit wird häufig durch die Parkinsonmedikation verursacht, sollte aber immer abgeklärt werden. Übelkeit lässt sich mit ärztlich verordneten Medikamenten lindern, unbedingt zu meiden ist aber der Wirkstoff Metoclopramid (MCP® oder Paspertin®). Er kann zu einer Zunahme der Parkinsonsymptome führen. Ein geeigneter Wirkstoff ist Domperidon. Alternativ können auch Bitterstoffe wie in Chicorée bei Übelkeit helfen. Etwas einfacher und gezielter einzusetzen sind Bitterstoffe aus Kräutertropfen. Die Tropfen lassen sich leicht dosieren, sind in kleinen Flaschen erhältlich und können so ein praktischer Begleiter für unterwegs sein.

Ihr Körper braucht es dringend. Achtung: Nur die Schalen haben diesen Effekt, nicht die Samen.

Ingwer

Frischer Ingwer, aber auch getrockneter in Tee hilft bei Übelkeit. Viele Medikamente, die bei Parkinson eingenommen werden, können eine unangenehme Übelkeit auslösen, die sich mit Ingwer gut behandeln lässt. Frischer Ingwer wird dafür einfach gewaschen, in Scheiben geschnitten und als Tee aufgegossen oder auch gelutscht. In einer kleinen Frischhaltedose oder als abgekühlter Tee, abgefüllt in eine kleine Trinkflasche, ist er ein optimaler Begleiter für unterwegs.

Beachten Sie, dass Ingwer in größeren Mengen blutdrucksenkend wirken kann. Durch die oft vorhandene Anpassungsstörung des Kreislaufs bei Morbus-Parkinson-Patienten ist Ingwer daher nur in geringen Mengen und bei Bedarf einzusetzen.

Praktische Tipps

- Planen Sie Ihre Mahlzeiten im Voraus und auch die Tage, an denen Sie Zutaten frisch holen. So können Sie ohne Stress und mit einer genauen Liste einkaufen gehen. Oft ist ein Wochenmarkt der ideale Ort, da regionale Produkte und Bioqualität angeboten werden.
- Falls Sie nicht so oft auf den Markt oder auch in den Supermarkt gehen können, ist eingefrorenes Gemüse eine Alternative. An Nährstoffen steht es dem frischen Gemüse in nichts nach. Außerdem hat es den Vorteil, dass es bereits geputzt und geschnitten ist.

So sparen Sie Zeit bei der Vorbereitung. Achten Sie aber auch hier, wenn möglich, auf Bioqualität. Gedörrtes oder getrocknetes Obst bieten sich ebenfalls als Ausweichmöglichkeit an.

- Kochen Sie etwas mehr und frieren Sie es ein. So haben Sie immer etwas im Haus, wenn es mal schnell gehen muss oder einfach die Kraft zum Kochen fehlt. Mit einer entsprechenden Beschriftung wissen Sie auch nach einiger Zeit, was die Dose enthält.
- »Gut gekaut ist halb verdaut« ist eine alte Redewendung, stimmt aber heute noch. Die Verdauung beginnt bereits im Mund. Hier werden Kohlenhydrate, etwa aus einem Stück Brot, durch Enzyme im Speichel vorverdaut. Außerdem entlastet gut gekautes Essen unseren Darm. Er kann sich dann voll auf die Aufnahme der Nährstoffe konzentrieren.
- Nehmen Sie sich Zeit! Essen ist Genuss und soll mit allen Sinnen wahrgenommen werden. Suchen Sie sich also Ihre Gerichte und die Zutaten sorgfältig aus. Lesen Sie die Zutatenliste auf der Rückseite eines Produkts. Je länger sie ist, desto mehr deutet das auf industrielle Verarbeitung des Produkts hin.
- Benutzen Sie Hilfsmittel, wie z. B. einen Tremorlöffel oder einen Warmhalteteller, damit Ihre Mahlzeit nicht auskühlt. Spezielle Becher und Strohhalme helfen bei Schluckstörungen.
- Trinken Sie über den Tag verteilt viel, aber möglichst nicht direkt zum Essen. Getränke verdünnen die Verdauungssäfte, die für das Zerkleinern unserer Nahrung wichtig sind. Versuchen Sie 20 Minuten vor und während der Mahlzeit nichts mehr zu trinken.
- Sparen Sie Kraft und führen Sie langwierige Arbeiten wie Gemüseschnibbeln im Sitzen aus.
- Bei Schluckstörungen ist das Eindicken von Flüssigkeiten sinnvoll. Hier gibt es ein spezielles Pulver, das zum Andicken geeignet ist. Fragen Sie hierzu Ihren behandelnden Arzt. Cremesuppen und Smoothies können in einer perfekten Konsistenz hergestellt werden. Smoothies sollten aber immer eine Mischung aus Gemüse und Obst sein. Sie sind sonst wahre Kalorienbomben und enthalten sehr viel Zucker.
- Gutes Kochgeschirr und kleine Helfer, wie etwa ein Spiralschneider, können die Lust am Kochen erhöhen, aber auch die Arbeit erleichtern. Besorgen Sie sich alles, was Sie zum Kochen von gesunden Gerichten benötigen. Es lohnt sich!

Zusammenfassung

- Halten Sie bei der Tabletteneinnahme generell einen Abstand zum Essen ein. Ganz besonders zu beachten ist der zeitliche Abstand zwischen levodopahaltigen Medikamenten und dem Eiweiß in der Nahrung. 30 Minuten vor einer Mahlzeit ist der optimale Zeitpunkt für die Einnahme.
- Der tägliche Bedarf an Eiweiß (0,8–1,0 g pro kg Körpergewicht) sollte möglichst gedeckt werden. Kombinieren Sie dazu eiweißarme mit eiweißreichen Speisen. Eiweißarme Gerichte können helfen, die Wirksamkeit von Levodopa nicht zu stark zu beeinträchtigen. So kann verhindert werden, dass die Wirkung von Levodopa verringert wird oder ganz ausbleibt.
- Achten Sie auf eine bunte Zusammenstellung Ihrer Lebensmittel. Jeden Tag sollten etwa 5 Portionen (5 × die Menge, die in Ihre hohle Hand passt) Gemüse und Obst verzehrt werden. So kann man ganz sicher eine ausgewogene Ernährung, reich an allem, was der Körper braucht, auf den Tisch bringen.
- Ernähren Sie sich pflanzenbasiert und ursprünglich. Viele industriell gefertigte Nahrungsmittel enthalten oft unnötige Farb- und Konservierungsstoffe und sind häufig sehr fett- und zuckerhaltig.
- Verwenden Sie beim Kochen hochwertige pflanzliche Öle, wie Olivenöl extra vergine oder kalt gepresstes Rapsöl bei höheren Brattemperaturen.
- Nehmen Sie täglich ausreichend Ballaststoffe zu sich, Obst und

Gemüse sowie Vollkorngetreideprodukte sind voll davon.

- Trinken Sie mindestens täglich 1,5–2 l Wasser oder ungesüßte Tees. Gerade bei einer erhöhten Ballaststoffzufuhr und bei steigenden Außentemperaturen ist es wichtig, auf eine ausreichende Zufuhr von Flüssigkeit zu achten.
- Kauen Sie Ihre Speisen lange und gut. Das hilft, den Darm bei der Verdauungsarbeit zu entlasten.
- Vermeiden Sie sehr zuckerhaltige Lebensmittel. Sie lassen den Blutzuckerspiegel rasch ansteigen und sorgen somit für Heißhungerattacken und Leistungsabfall.
- Bewegen Sie sich moderat mindestens 30 Minuten pro Tag. Ausgedehnte Spaziergänge an der frischen Luft sind optimal. Eine gezielte Physiotherapie kann die Beweglichkeit langfristig positiv beeinflussen. Fangen Sie früh damit an.

Allgemeine Hinweise zu den Rezepten

Folgende Anmerkungen beziehen sich auf alle Rezepte und sind dort nicht mehr extra erwähnt.

- Milch kann gegen eine vegane Alternative ausgetauscht werden, z. B. Pflanzendrinks aus Reis oder Hafer
- Schlagsahne kann ebenfalls gegen eine fettärmere, vegane Variante ausgetauscht werden, z. B. Hafer-Cuisine
- Schwarzer Pfeffer schmeckt frisch gemahlen am besten. Er hat ein besonderes Aroma und gibt den Speisen oft den letzten Schliff
- Olivenöl und auch Lein- und Rapsöl sollten immer kalt gepresst oder extra nativ sein. Diese Öle sind schonender hergestellt und beinhalten viele gesundheitsfördernde Inhaltsstoffe

Rezepte

abwechslungsreich und lecker

Frühstück

Toast mal anders

Süßkartoffeltoast mit Hüttenkäseaufstrich

Für 2 Portionen • mäßiger Eiweißanteil
20 Min. + 10 Min. Backzeit

1 mittelgroße Süßkartoffel (ca. 400 g) • etwas Olivenöl • 1 Karotte • 1 kleine Schalotte • 10 Blätter Basilikum • 100 g körnigen Frischkäse, Halbfettstufe • 1 TL Leinöl • 1 Msp. Paprikapulver, edelsüß • Salz • schwarzer Pfeffer • 1 Blatt frischen Rotkohl

- Backofen auf 200 °C Umluft oder 180 °C Ober- und Unterhitze vorheizen.

- Süßkartoffel nicht schälen, sondern nur unschöne Stellen herausschneiden, gründlich waschen. Anschließend in 6 dünne Scheiben schneiden, mit etwas Olivenöl bepinseln und 10 Min. auf einem mit Backpapier ausgelegten Backblech backen.

- In der Zwischenzeit Karotte schälen, waschen und grob raspeln, Schalotte schälen und in feine Würfel schneiden, Basilikum waschen, abschütteln und in feine Streifen schneiden.

- Alle Zutaten in eine kleine Schüssel geben, Frischkäse und Leinöl unterheben und mit Paprikapulver, Salz und Pfeffer abschmecken.

- Rotkohl waschen und in feine Streifen schneiden. Süßkartoffelscheiben aus dem Backofen nehmen, etwas abkühlen lassen und auf Tellern anrichten. Mit dem Aufstrich bestreichen und mit Rotkohlstreifen und frisch gemahlenem schwarzem Pfeffer garnieren.

Nährwerte pro Portion
240 kcal • 11 g E • 5 g F • 35 g KH • 7 g

Vitalstoff-Kraftpaket

Buchweizenporridge mit Erdbeeren und Pistazien

Für 2 Portionen • mäßiger Eiweißanteil
20 Min. + 8–10 Std. Einweichzeit + 5 Min. Garzeit

100 g Buchweizen • 3 Datteln, entsteint • 500 ml Milch 1,5 % Fett • 1 Prise Salz • 200 g Erdbeeren • 50 g Pistazien

- Buchweizen für mind. 8 Stunden, z. B. über Nacht im Kühlschrank, in Wasser einweichen.

- Eingeweichten Buchweizen in ein Sieb geben, abspülen und zusammen mit Datteln in einem Mixer oder einer Küchenmaschine zerkleinern. Anschließend in einen Topf geben

- Milch mit Salz mischen und vorsichtig unter die Masse rühren, kurz aufkochen und bei mittlerer Hitze etwa 5 Min. köcheln lassen, danach vom Herd nehmen und weitere 5 Min. quellen lassen.

- In der Zwischenzeit Erdbeeren waschen, Grün entfernen, Früchte in Scheiben schneiden. Pistazien grob hacken.

- Buchweizenporridge in 2 Schüsseln anrichten, mit Erdbeerscheiben und gehackten Pistazien verfeinern.

Variante Lust auf Karibik zum Frühstück? Tauschen Sie die Erdbeeren und Pistazien einfach gegen frische Ananas und Kokosflocken aus.

Tipp Die Konsistenz kann mit etwas Flüssigkeit angepasst werden, sollte der Porridge zu sehr eindicken.

Nährwerte pro Portion
545 kcal • 20 g E • 17 g F • 75 g KH • 9 g B

erfrischend fruchtig

Südsee-Smoothie-Bowl

Für 2 Portionen • mäßiger Eiweißanteil
10 Min.

400 g Mango, TK • 2 Bananen • 300 g griechischer Joghurt, 2 % Fett (z. B. von Fage Total) • 4 EL Haferflocken, kernig oder zart • 1 EL Zitronensaft • 1 Kiwi • 2 EL Chiasamen • 2 EL Kokosraspel oder Kokosflocken

- Mango etwas an-, aber nicht auftauen lassen und anschließend mit geschälten Bananen, Joghurt, Haferflocken und Zitronensaft in einem Mixer fein pürieren. In der Zwischenzeit Kiwi schälen und in Scheiben schneiden.

- Smoothie in eine Schüssel geben und mit Kiwischeiben, Chiasamen und Kokosraspeln garnieren.

Tipp Für eine Smoothie-Bowl mit gefrorenen Früchten braucht es einen leistungsstarken Mixer. Mit einem Pürierstab gelingt es, wenn die Früchte gut angetaut sind.

Nährwerte pro Portion
535 kcal • 18 g E • 15 g F • 68 g KH • 16 g B

überraschend gut

Veganer Schoko-Aufstrich

Für 10 Portionen • geringer Eiweißanteil
20 Min.

80 g Mandel- oder Haselnussmus • 60 g Ahornsirup • 20 g Backkakao, ungezuckert • ½ TL Tonkabohne, frisch gerieben • 3–4 EL Wasser • 1 Prise Salz

- Alle Zutaten in eine Schüssel geben und mit einem kleinen Schneebesen zu einer glatten Creme rühren. Konsistenz je nach Belieben mit Wasser anpassen.

Tipp Der Aufstrich ist verschlossen im Kühlschrank etwa 5 Tage haltbar. Das Mark einer Vanilleschote kann alternativ zur Tonkabohne eingesetzt werden.

Nährwerte pro Portion
80 kcal • 2 g E • 5 g F • 6 g KH • 1 g B

nussig und schnell gemacht

Banane-Nuss-Shake

Für 2 Portionen • mäßiger Eiweißanteil
10 Min.

2 Bananen • 250 g Magerquark • 2 EL Mandeln, gemahlen • 2 EL Erdnussbutter • 300 ml Wasser, Milch 1,5 % Fett • Prise Zimt

- Bananen schälen, zusammen mit allen weiteren Zutaten in einen Mixer geben und so lange laufen lassen, bis die Konsistenz schön cremig ist. In Gläser schütten und kalt genießen.

Nährwerte pro Portion
218 kcal • 6 g E • 11 g F • 23 g KH • 4 g B

Eisenlieferant

Beeriger Hirse-Kokos-Porridge

Für 2 Portionen • mäßiger Eiweißanteil
20 Min. + 15 Min. Garzeit

400 ml Wasser • 150 g Vollkornhirseflocken • 400 ml Kokosmilch • 200 g Himbeeren • 1 EL Buchweizen • 1 EL Kokosraspel oder Kokosflocken

- Wasser zum Kochen bringen, Hirseflocken langsam einstreuen und dabei mit einem Schneebesen rühren, um Klümpchen zu vermeiden.

- Kokosmilch dazugeben, verrühren und bei niedriger Hitze etwa 10–15 Min. köcheln lassen, gelegentlich umrühren. Der Porridge ist fertig, wenn er eine weiche, breiige Konsistenz hat.

- In 2 Schüsseln anrichten und mit gewaschenen Himbeeren, Buchweizen und Kokosflocken garnieren.

Nährwerte pro Portion
400 kcal • 11 g E • 8 g F • 67 g KH,11 g B

für zu Hause oder für unterwegs

Müslikugeln

Für ca. 16 Kugeln • mäßiger Eiweißanteil
20 Min. + 15 Min. Quellzeit

100 ml Milch 1,5 % Fett • 100 g gemahlene Walnüsse • 100 g kernige Haferflocken • 100 g Kokosflocken • 1 EL Leinsamen • 1 EL Honig oder Agavendicksaft • 4 EL Sesam oder Mandelblättchen

- Milch in einem kleinen Topf kurz erwärmen, nicht kochen.

- Milch und alle anderen Zutaten, bis auf Sesam oder Mandelblättchen, in eine Schüssel geben und gut miteinander vermengen, anschließend 15 Min. quellen lassen.

- In der Zwischenzeit Sesam oder Mandelblättchen in einer Pfanne ohne Öl rösten, auf einen Teller geben und abkühlen lassen.

- Je etwa 1 EL der Müslimasse mit angefeuchteten Händen zu einer kleinen Kugel formen und anschließend durch gerösteten Sesam oder geröstete Mandelblättchen rollen.

- Zum Aufbewahren in einer luftdichten Box bis zu 5 Tage im Kühlschrank lagern.

Tipp Die Kugeln lassen sich gut vorbereiten und sind eingefroren mehrere Wochen lang haltbar.

Nährwerte pro Kugel
150 kcal • 4 g E • 12 g F • 6 g KH • 3 g B

reich an Omega-3-Fettsäuren

Chiapudding mit Himbeermus

Für 2 Portionen • mäßiger Eiweißanteil
10 Min. + 10 Std. Quellzeit

60 g Chiasamen • 500 ml Milch 1,5 % Fett • 150 g Himbeeren, frisch oder TK • 1 TL Zitronensaft • 2 TL Chiasamen für das Himbeermus

- 60 g Chiasamen vorsichtig in die Milch einrühren, in Gläser abfüllen und mindestens 30 Min. oder besser über Nacht abgedeckt im Kühlschrank quellen lassen.

- Himbeeren und Zitronensaft in einem kleinen Topf bei mittlerer Hitze 6–8 Min. erwärmen, 2 TL Chiasamen unterrühren und Topf vom Herd nehmen. Kräftig rühren, bis das Mus eine marmeladenähnliche Konsistenz hat.

- Mus abkühlen lassen und vor dem Servieren über den Chiapudding ins Glas geben.

Variante Sie können den Chiapudding auch mit einer zerdrückten Banane süßen.

Nährwerte pro Portion
304 kcal • 14 g E • 15 g F • 20 g KH • 17 g B

ballaststoffreich

Bananen-Haferflocken-Pancakes

Für 2 Portionen • mäßiger Eiweißanteil
20 Min. + 10 Min. Quellzeit

2 Bananen • 150 g Haferflocken, zart • 300 ml Milch 1,5 % Fett • 1 TL Kokosöl

- Bananen mit einer Gabel zerdrücken, Haferflocken und Milch dazugeben, gut verrühren und etwa 10 Min. quellen lassen.

- Kokosöl in einer Pfanne erhitzen. Teig mithilfe eines Schöpflöffels in kleinen Portionen in die Pfanne geben und ca. 3 Min. pro Seite goldgelb anbraten.

Variante Die Pancakes lassen sich mit den verschiedensten Toppings kombinieren. Wie wäre es mit Ananasstücken und Kokosflocken oder meinem Favoriten: Bananenscheiben mit geraspelter Zartbitterschokolade?

Nährwerte pro Portion
570 kcal • 16 g E • 10 g F • 73 g KH • 10 g B

» Bananen-Haferflocken-Pancakes

Es muss nicht immer süß sein

Pikante Frühstücksmuffins

Für 12 Muffins • mäßiger Eiweißanteil
20 Min. + 25 Min. Backzeit

250 g Dinkelmehl Type 630 • 2 TL Backpulver • 2 mittelgroße Eier • 200 ml Buttermilch • Salz • schwarzer Pfeffer • 2 kleine Karotten • 5 sonnengetrocknete Tomaten • 2 EL geriebener Käse • 2 EL Schinkenwürfel • 2 EL Olivenöl • Olivenöl zum Einfetten oder Papierförmchen • Thymian getrocknet

- Backofen auf 175 °C Umluft oder 160 °C Ober- und Unterhitze vorheizen.
- Mehl mit Backpulver in einer großen Schüssel mischen.
- In einer zweiten Schüssel Eier aufschlagen, mit Buttermilch, Salz und Pfeffer verquirlen, in die Schüssel zum Mehl geben und gut verrühren.
- Karotten schälen, waschen und raspeln, Tomaten in feine Streifen schneiden.
- Karotte, Tomaten, Käse und Schinken zusammen mit dem Olivenöl unter den Teig rühren.
- Muffinblech mit etwas Olivenöl einfetten oder mit Papierförmchen bestücken, Teig einfüllen, mit getrocknetem Thymian bestreuen und Muffins 20–25 Min. backen.
- Kalt oder warm genießen.

Nährwerte pro Muffin
135 kcal • 6 g E • 5 g F • 18 g KH • 1 g B

klassischer Genuss

Bircher Müsli

Für 2 Portionen • mäßiger Eiweißanteil
15 Min. + 30 Min. Quellzeit

150 g Haferflocken, kernig oder zart • 400 ml Milch 1,5 % Fett • 2 mittelgroße Äpfel • 1 TL Zitronensaft • 4 EL gemischte Nüsse, z. B. Walnüsse, Haselnüsse, Mandeln • 2 EL Leinsamen • optional: 2 EL Rosinen • 2 TL Honig

- Haferflocken und Milch zusammen in einer Schüssel verrühren und 30 Min. quellen lassen.
- In der Zwischenzeit Äpfel waschen, vierteln und Kerngehäuse entfernen. 2 Viertel in dünne Scheiben schneiden und zur Seite stellen. Restliche Apfelviertel mit Schale grob raspeln, mit Zitronensaft beträufeln und unter das Müsli heben. In kleinen Schüsseln anrichten.
- Nüsse grob hacken und zusammen mit Leinsamen und Rosinen über das Müsli streuen, mit Apfelscheiben garnieren und zum Schluss mit Honig verfeinern.

Variante Bircher Müsli schmeckt mit verschiedensten Zutaten, z. B. mit einer geraspelten Karotte, Bananenscheiben oder tiefroten Beeren. Für ein Extra an Omega-3-Fettsäuren fügen Sie 1 TL Leinöl hinzu.

Nährwerte pro Portion
630 kcal • 22 g E • 26 g F • 70 g KH • 14 g B

» Bircher Müsli

Suppen & Salate

Gesunde Zutaten beim Spazierengehen finden

Kräftige Bärlauchsuppe

Für 2 Portionen • geringer Eiweißanteil
⏲ 30 Min. + 15 Min. Garzeit

1 kleine Zwiebel • 1 große Karotte • 80 g Knollensellerie • 5 kleine Kartoffeln, mehligkochend • 100 g Bärlauch • 1 EL Olivenöl • 400 ml Gemüsebrühe • Salz • schwarzer Pfeffer • 30 ml Schlagsahne

- Zwiebel, Karotte, Knollensellerie und Kartoffeln schälen, waschen und in Würfel schneiden. Bärlauch waschen, abschütteln und in feine Streifen schneiden.

- Olivenöl in einem großen Topf erhitzen, Zwiebeln hinzufügen und anbraten. Hitze etwas reduzieren und die Hälfte des Bärlauchs kurz mit anbraten. Restliches Gemüse und Gemüsebrühe hinzugeben.

- Alle Zutaten ca. 15 Min. kochen und anschließend mit einem Pürierstab fein pürieren.

- Mit Salz und Pfeffer abschmecken, restliche Bärlauchstreifen in die Suppe geben und kurz ziehen lassen.

- Vor dem Servieren mit Sahne und frisch gemahlenem Pfeffer verfeinern.

Nährwerte pro Portion
210 kcal • 5 g E • 11 g F • 22 g KH • 6 g B

sommerlich erfrischend

Kalte mediterrane Gemüsesuppe

Für 2 Portionen • geringer Eiweißanteil
⏲ 45 Min. + 30 Min. Kühlzeit

30 g Nudeln, z. B. Makkaroni • ½ grüne Paprika • ½ gelbe Paprika • 4 große Tomaten • 1 Salatgurke • 1 kleine Schalotte • 2 Knoblauchzehen • 100 ml Gemüsebrühe • 5–6 Basilikumblätter • 2 EL Olivenöl • Salz • schwarzer Pfeffer • 1 EL Limettensaft

- Nudeln in kleine Stücke brechen und in Salzwasser weich kochen. Inzwischen Gemüse waschen. Nudeln kalt abschrecken und abtropfen lassen.

- Paprika halbieren, entkernen und die Hälften mit der Schnittseite nach unten im Backofen etwa 10–15 Min. bei 160 °C Oberhitze grillen, bis die Haut leicht schwarz wird und Blasen wirft. Aus dem Backofen nehmen und noch heiß die Haut entfernen. Anschließend Paprika in feine Würfel schneiden.

- Tomaten auf der Unterseite über Kreuz einritzen, mit heißem Wasser überbrühen, unter kaltem Wasser abschrecken und die Haut entfernen, anschließend Tomatenfleisch in grobe Stücke schneiden. Gurke, Schalotte und Knoblauch schälen und ebenfalls grob würfeln.

- Tomaten-, Gurken- und die Hälfte der Paprikawürfel zusammen mit Gemüsebrühe, Schalotte, Knoblauch, Basilikumblättern und Olivenöl pürieren. Danach mit Salz, Pfeffer und Limettensaft abschmecken. Nudeln und zweite Hälfte der Paprikawürfel zur Suppe geben und vor dem Servieren mindestens 30 Min. kühl stellen.

Nährwerte pro Portion
240 kcal • 7 g E • 13 g F • 21 g KH • 6 g B

herbstlich cremig

Kürbiscremesuppe mit Granatapfelkernen

Für 4 Portionen • geringer Eiweißanteil
25 Min. + 20 Min. Garzeit

1 kleiner Hokkaidokürbis • 1 mittelgroße Zwiebel • 2 cm Ingwer, daumendick • 2 EL Kokosöl, alternativ Rapsöl • 250 ml Kokosmilch • 200 ml Orangen- oder ACE-Saft • Salz • schwarzer Pfeffer • 2 TL Currypulver • 4 EL Granatapfelkerne • 2 EL Kürbiskernöl

- Kürbis waschen, halbieren, entkernen und mit Schale in grobe Stücke schneiden.

- Zwiebel und Ingwer schälen und grob hacken.

- Kokosöl in einem großen Topf erhitzen, Kürbis zusammen mit Zwiebeln und Ingwer andünsten. Kokosmilch und bei Bedarf etwas Wasser dazugeben, 10–15 Min. bei mittlerer Hitze köcheln lassen, bis der Kürbis weich ist.

- Saft hinzufügen, fein pürieren, kurz aufkochen und mit Salz, Pfeffer und Curry abschmecken.

- Auf Tellern anrichten und vor dem Servieren mit Granatapfelkernen, Kürbiskernöl und frisch gemahlenem schwarzem Pfeffer garnieren.

Nährwerte pro Portion
270 kcal • 3 g E • 20 g F • 17 g KH • 3 g B

gesund und bunt

Paprikasuppe mit Avocado

Für 4 Portionen • geringer Eiweißanteil
30 Min. + 10 Min. Garzeit

2 rote Paprikaschoten • 2 gelbe Paprikaschoten • 1 mittelgroße rote Zwiebel • 2 Knoblauchzehen • 1 Stange Staudensellerie • 2 EL Olivenöl • 1 TL Thymian, getrocknet • 1 TL Oregano, getrocknet • 700 ml Gemüsebrühe • 200 g Frischkäse, Halbfettstufe • Salz • schwarzer Pfeffer • Paprikapulver, rosenscharf oder edelsüß • 1 Avocado

- Paprika waschen, halbieren und Kerngehäuse entfernen, anschließend in kleine Würfel schneiden. Zwiebel und Knoblauch schälen und klein hacken. Sellerie in Scheiben schneiden.

- Olivenöl in einem großen Topf erhitzen, Zwiebeln und Knoblauch glasig anbraten. Thymian, Oregano, Paprikawürfel und Sellerie hinzufügen und kurz mit andünsten. Mit Gemüsebrühe ablöschen und kurz aufkochen lassen. Frischkäse einrühren, mit Salz, Pfeffer und Paprikapulver bei mittlerer Hitze etwa 10 Min. köcheln lassen. In der Zwischenzeit Avocado halbieren, schälen, entsteinen und in Streifen schneiden.

- Suppe vor dem Servieren mit Avocadoscheiben und frisch gemahlenem Pfeffer garnieren.

Nährwerte pro Portion
215 kcal • 10 g E • 14 g F • 9 g KH • 4 g B

herrlich würzig

Cremige Zwiebelsuppe mit Pastinakenchips

Für 4 Portionen • geringer Eiweißanteil

45 Min. + 40 Min. Backzeit

- 1 kleine Pastinake
- 1 EL Olivenöl
- 12 TL Paprikapulver, edelsüß
- 800 g Zwiebeln
- 4 EL Olivenöl
- 2 EL Dinkelmehl Type 630
- 1 Flöckchen Butter
- 700 ml Gemüsebrühe
- 100 ml Schlagsahne
- 100 ml Apfelsaft
- Salz
- schwarzer Pfeffer
- 1 TL Zucker
- 4 EL dunkler Balsamico

● Backofen auf 120 °C Ober- und Unterhitze vorheizen.

● Pastinake schälen und der Länge nach in feine Scheiben schneiden. Olivenöl und Paprikapulver in einer Schüssel vermischen, Pastinakenscheiben sorgfältig in dem Gewürzöl wenden, bis beide Seiten komplett benetzt sind.

● Scheiben auf einem mit Backpapier ausgelegten Backblech verteilen und etwa 40 Min. knusprig backen.

● In der Zwischenzeit Zwiebeln schälen, halbieren und die etwa die Hälfte in Würfel, den Rest in Ringe schneiden. 3 EL Olivenöl in einem großen Topf erhitzen und die Zwiebelwürfel darin ungefähr 10 Min. bei mittlerer Hitze glasig andünsten, dabei gelegentlich umrühren.

● Zwiebeln mit Mehl bestäuben, zusammen mit Butter kurz anschwitzen und mit Gemüsebrühe, Sahne und Apfelsaft ablöschen. Kräftig aufkochen, mit Salz und Pfeffer abschmecken und anschließend bei geringer Hitze etwa 15 Min. köcheln lassen.

● Währenddessen 1 EL Olivenöl in einer Pfanne erhitzen, Zwiebelringe unter Rühren anbraten, Zucker hinzufügen und bei geringer Hitze karamellisieren, mit Balsamico ablöschen und ihn etwas einkochen lassen.

● Suppe auf Tellern anrichten, Zwiebelringe in die Mitte geben und mit Pastinakenchips garnieren.

Nährwerte pro Portion

290 kcal • 4 g E • 18 g F • 24 g KH • 5 g B

leckere Kombination

Pastinakensuppe mit gerösteten Maronen

Für 2 Portionen • geringer Eiweißanteil

40 Min. + 20 Min. Garzeit

1 große Schalotte • 4 große Pastinaken • 5 mittelgroße Kartoffeln, mehligkochend • 1 Karotte • 3 EL Olivenöl • 700 ml Gemüsebrühe • 100 ml Schlagsahne • Salz • schwarzer Pfeffer • 100 g Maronen, vorgegart • 2 Stängel Petersilie

- Schalotte, Pastinaken, Kartoffeln und Karotte schälen und waschen, anschließend in grobe Würfel schneiden.

- 2 EL Olivenöl in einem Topf erhitzen, Gemüse bei mittlerer Hitze anrösten und mit Gemüsebrühe und Sahne ablöschen. Suppe etwa 20 Min. bei mittlerer Hitze köcheln lassen, bis das Gemüse weich ist, mit Salz und Pfeffer würzen. Währenddessen Maronen in kleine Würfel schneiden und mit 1 EL Olivenöl in einer Pfanne anrösten. Petersilie waschen und hacken.

- Suppe fein pürieren, in tiefen Tellern anrichten und Maronen in die Suppe geben, zum Schluss mit Petersilie bestreuen.

Nährwerte pro Portion

600 kcal • 10 g E • 31 g F • 49 g KH • 11 g B

italienisch lecker

Mediterrane Minestrone mit Nudeln

Für 2 Portionen • mäßiger Eiweißanteil

20 Min. + 15 Min. Garzeit

500 ml Gemüsebrühe • 2 Karotten • 4 Blätter Wirsing • 1 mittelgroße Zwiebel • 4 mittelgroße Tomaten • 200 g Muschelnudeln • 60 g grüne Bohnen, TK • 50 g weiße Bohnen, Dose oder Glas • 50 g Erbsen, TK • Salz • schwarzer Pfeffer

- Topf mit Gemüsebrühe zum Kochen bringen.

- In der Zwischenzeit Karotten schälen, waschen und in Scheiben schneiden, Wirsingkohlblätter waschen und in ca. 2 cm breite Streifen schneiden, Zwiebel schälen und würfeln. Tomaten waschen, halbieren, entkernen und in grobe Würfel schneiden.

- Nudeln nach Packungsanweisung in einem separaten Topf in Salzwasser bissfest garen.

- Währenddessen Gemüse zur Suppe geben und ca. 10 Min. kochen, anschließend grüne und weiße Bohnen sowie Erbsen hinzufügen und weitere 3 Min. bei mittlerer Hitze köcheln.

- Nudeln abschütten und zur Suppe geben, mit Salz und Pfeffer abschmecken.

Nährwerte pro Portion

314 kcal • 16 g E • 3 g F • 53 g KH • 13 g B

» Mediterrane Minestrone mit Nudeln

winterlich und fein

Maronensuppe mit rosa Pfeffer

Für 2 Portionen • mäßiger Eiweißanteil
25 Min. + 5 Min. Garzeit

4 Schalotten • 1–2 Knoblauchzehen • 20 g Butter • 200 g Maronen, vorgegart • 100 ml trockener Weißwein • 600 ml Geflügelfond • 200 ml Schlagsahne • Salz • schwarzer Pfeffer • 2 Scheiben Rohschinken • rosa Pfefferbeeren

- Schalotten und Knoblauch schälen und fein würfeln. Butter in einem Topf erhitzen, Schalotten und Knoblauch andünsten, Maronen zerkleinern, ebenfalls in den Topf geben, leicht anrösten und mit Weißwein ablöschen, Geflügelfond und 150 ml der Sahne eingießen. Bei mittlerer Hitze etwa 5 Min. köcheln lassen.

- Verbleibenden 50 ml Sahne halb steif schlagen und kalt stellen.

- Suppe fein pürieren, mit Salz und Pfeffer abschmecken. In tiefen Tellern anrichten und vor dem Servieren mit in Streifen geschnittenem Schinken, rosa Pfefferbeeren und einem Sahnehäubchen garnieren.

Nährwerte pro Portion
680 kcal • 15 g E • 45 g F • 41 g KH • 9 g B

Leckereien aus Fernost

Asiatische Glasnudelsuppe

Für 2 Portionen • geringer Eiweißanteil
25 Min. + 5 Min. Garzeit + 3 Min. Ziehzeit

2 mittelgroße Karotten • 1 mittelgroße Zwiebel • ½ nicht zu dicke Stange Lauch • 3 Champignons, frisch • 2 EL Olivenöl • 500 ml Gemüsebrühe • Salz • schwarzer Pfeffer • 30 g Glasnudeln, z. B. Reis-Vermicelli • 1 TL Sesamöl • ¼ Bund Schnittlauch

- Gemüse waschen, Karotten und Zwiebel schälen. Lauch, Karotten und Zwiebel in feine Streifen, Champignons in dünne Scheiben schneiden.

- Olivenöl in einem Topf erhitzen, Zwiebeln goldbraun anbraten, restliches Gemüse hinzufügen, kurz mit andünsten. Gemüse mit Brühe ablöschen, mit Salz und Pfeffer abschmecken, dann bei mittlerer Hitze 5 Min. kochen lassen.

- Topf vom Herd nehmen, Glasnudeln zusammen mit Sesamöl in die Suppe geben, kurz ziehen lassen. Schnittlauch waschen, abschütteln, in Röllchen schneiden, über die Suppe streuen und servieren.

Nährwerte pro Portion
250 kcal • 7 g E • 13 g F • 24 g KH • 6 g B

klassisch und schnell gemacht

Zwiebelsuppe

Für 2 Portionen • geringer Eiweißanteil
20 Min. + 15 Min. Garzeit

500 g Zwiebeln • 2 EL Olivenöl • 1 TL Zucker • 600 ml Gemüsebrühe • 100 ml Weißwein, trocken • Salz • schwarzer Pfeffer • 2 Scheiben Weißbrot

- Zwiebeln schälen und in Ringe schneiden.

- Olivenöl in einem großen Topf erhitzen und Zwiebeln glasig andünsten, Zucker hinzufügen und karamellisieren lassen. Mit Brühe und Weißwein ablöschen, 15 Min. bei mittlerer Hitze köcheln lassen. Mit Salz und Pfeffer abschmecken.

- Jeweils 1 Scheibe Weißbrot in einen tiefen Teller geben, mit der Zwiebelsuppe übergießen und mit frischem Pfeffer verfeinern.

Tipp Der französische Klassiker wird normalerweise vor dem Servieren mit geriebenem Käse überstreut, dies erhöht jedoch den Eiweißanteil.

Nährwerte pro Portion
290 kcal • 6 g E • 10 g F • 33 g KH • 5 g B

» Zwiebelsuppe

vegetarisch deftig

Wärmender Erbseneintopf

Für 2 Portionen • geringer Eiweißanteil
20 Min. + 30 Min. Garzeit

1 kleine Zwiebel • 1 große Karotte • 100 g Lauch • 50 g Knollensellerie • 5 kleine Kartoffeln, festkochend • 4 kleine Tomaten • 1 EL Olivenöl • 500 ml Gemüsebrühe • ½ TL Kreuzkümmel • 1 Msp. Paprikapulver, edelsüß • Salz • schwarzer Pfeffer • 2 Stängel glatte Petersilie • 60 g Erbsen, TK

- Zwiebeln schälen und würfeln, restliches Gemüse, außer der Tomate, schälen, waschen und in grobe Würfel schneiden. Tomate halbieren, entkernen und ebenfalls grob würfeln.

- Olivenöl in einem großen Topf erhitzen. Karotte, Zwiebel, Lauch, Sellerie und Kartoffeln kräftig anbraten, mit Gemüsebrühe ablöschen. Mit Kreuzkümmel, Paprikapulver, Salz und Pfeffer würzen und anschließend 20 Min. bei mittlerer Hitze köcheln lassen. In der Zwischenzeit Petersilie waschen, abschütteln und grob hacken.

- Suppe mit einem Pürierstab fein pürieren, Erbsen und Tomaten untermischen und weitere 10 Min. köcheln lassen.

- Vor dem Servieren Petersilie über Suppe streuen.

Tipp Etwas mehr Würze verleiht eine Prise Chiliflocken. Einfach zum Schluss mit der Petersilie über die Suppe streuen. Für mehr Cremigkeit geben Sie vor dem Servieren einen Schuss Sahne in die Suppe.

Nährwerte pro Portion
205 kcal • 7 g E • 6 g F • 26 g KH • 9 g B

herrlich italienisch

Cremige Tomatensuppe mit Parmesan

Für 4 Portionen • geringer Eiweißanteil
25 Min. + 10 Min. Garzeit

5 große Tomaten • 1 mittelgroße Zwiebel • 2 Knoblauchzehen • 2 EL Olivenöl • 2 EL Oregano, getrocknet • 250 ml Gemüsebrühe • 2 Dosen Tomaten, gestückelt • 4 EL Tomatenmark • 2 EL dunkler Balsamico • 40 g Parmesan, frisch gerieben • 10 Blätter Basilikum • Salz • schwarzer Pfeffer

- Tomaten waschen, halbieren. Zwiebel und Knoblauch schälen, fein hacken.

- In einem großen Topf Olivenöl erhitzen und Tomaten mit Schale, Zwiebeln, Knoblauch und Oregano anschwitzen, mit Gemüsebrühe ablöschen und bei mittlerer Hitze etwa 5 Min. köcheln lassen.

- Tomaten aus der Dose, Tomatenmark und Balsamico hinzufügen, weitere 5 Min. köcheln lassen. Inzwischen Parmesan reiben und zur Suppe dazugeben.

- Suppe mit einem Stabmixer fein pürieren, Basilikumblätter in die Suppe geben und nochmals kurz pürieren. Mit Salz und Pfeffer abschmecken.

Nährwerte pro Portion
175 kcal • 8 g E • 14 g F • 9 g KH • 4 g B

Abendbrot ganz anders

Brotsalat nach Fairlight-House-Art

Für 4 Portionen • mäßiger Eiweißanteil
20 Min. + 20 Min. Backzeit

5–6 Scheiben Sauerteig- oder Dinkelbrot • 1 Salatgurke • 8 Cocktailtomaten • 1 mittelgroße rote Zwiebel • 1 Avocado • 1 Feta, 250 g • 3 EL Olivenöl • 4 EL Balsamico-Creme • 1 TL Oregano, getrocknet • Salz • schwarzer Pfeffer

- Backofen auf 100 °C Ober- und Unterhitze vorheizen.

- Brot in ca. 2 cm große Würfel schneiden und etwa 20 Min. auf einem mit Backpapier ausgelegten Rost im Backofen rösten, bis es außen knusprig und trocken, aber innen noch etwas weich ist.

- Gurke und Tomate waschen, halbieren und würfeln. Zwiebel schälen und in feine Streifen schneiden, Avocado halbieren, entsteinen, Fruchtfleisch mit einem Löffel herauslösen. Feta in grobe Würfel schneiden und zusammen mit dem Gemüse in eine große Schüssel geben.

- Brotwürfel aus dem Backofen nehmen, abkühlen lassen und zu Gemüse und Feta in die Schüssel geben. Olivenöl, Balsamico und Oregano hinzufügen und alles kräftig durchmischen.

- Mit Salz und Pfeffer abschmecken.

Nährwerte pro Portion
435 kcal • 15 g E • 24 g F • 35 g KH • 8 g B

sommerlich frisch

Fruchtiger Fenchel-Erdbeer-Salat

Für 2 Portionen • geringer Eiweißanteil
25 Min.

150 g Blattsalat • 1 mittelgroße Fenchelknolle • 250 g Erdbeeren • 1 EL weißer Balsamico • 1 EL Zitronensaft • 1 EL Honig • Salz • schwarzer Pfeffer • 1 EL Olivenöl • 1 EL Mandelblättchen • 10 Blätter Basilikum, frisch

- Blattsalat, Fenchel und Erdbeeren gründlich waschen und putzen. Fenchel in feine Streifen schneiden, Erdbeeren längs halbieren.

- Salat, Fenchel und etwa die Hälfte der Erdbeeren auf Tellern anrichten.

- Restliche Erdbeeren pürieren und mit Essig, Zitronensaft, Honig, Salz, Pfeffer und Olivenöl vermischen.

- Mandelblättchen in einer Pfanne bei mittlerer Hitze ohne Fett rösten, in der Zwischenzeit Basilikum grob hacken.

- Dressing über den Salat geben und mit gehacktem Basilikum und gerösteten Mandelblättchen garnieren.

Variante Statt der Mandelblättchen können auch Croûtons oder schwarzer Sesam eine knackige Alternative sein.

Tipp Zusammen mit einer Scheibe Baguette, welches in der Pfanne mit etwas Olivenöl angeröstet wurde, schmeckt der Salat köstlich.

Nährwerte pro Portion
170 kcal • 4 g E • 8 g F • 17 g KH • 8 g B

klassisch lecker

Kartoffel-Gurken-Salat

Für 4 Portionen • geringer Eiweißanteil
20 Min. + 20 Min. Garzeit + 1 Std. Ziehzeit

1 kg Kartoffeln, festkochend • 1 mittelgroße Zwiebel • 1 Bund Schnittlauch, frisch • Salz • schwarzer Pfeffer • 125 ml Gemüsebrühe • 2 EL Balsamico, weiß • 3 EL Rapsöl • 1 Salatgurke

- Kartoffeln gründlich waschen und in einem großen Topf mit Schale weich garen. Währenddessen Zwiebel schälen und fein würfeln, Schnittlauch waschen, abschütteln und in Röllchen schneiden.

- Kochwasser abschütten und die noch handwarmen Pellkartoffeln schälen. Anschließend in Scheiben schneiden. Geschnittene Kartoffeln salzen, Zwiebeln dazugeben und mit Schnittlauch und Pfeffer kräftig vermischen.

- Gemüsebrühe in einem Topf erhitzen und Balsamico einrühren, anschließend noch heiß über die Kartoffelmischung geben und vorsichtig unterheben. Rapsöl hinzufügen und wieder vorsichtig vermengen. Kartoffelsalat mind. 1 Std. an einem warmen Ort ziehen lassen.

- In der Zwischenzeit Gurke waschen und mit einem Gemüsehobel in feine Scheiben schneiden. Unter den Kartoffelsalat heben und vorsichtig vermengen.

Tipp Beim bayrischen Klassiker mit Essig und Öl muss die oben genannte Reihenfolge eingehalten werden, damit sich die Kartoffeln mit Gemüsebrühe vollsaugen können. So sind die Kartoffelscheiben besonders aromatisch.

Nährwerte pro Portion
260 kcal • 6 g E • 7 g F • 40 g KH • 7 g B

exotischer Genuss

Avocado-Shrimps-Salat mit frischen Kräutern

Für 2 Portionen • mäßiger Eiweißanteil
15 Min.

3 mittelgroße Tomaten • 200 g Shrimps oder Garnelen, verzehrfertig und vorgekocht • 1 große Avocado • 1 Schalotte • 3 EL Zitronensaft • 1 EL Olivenöl • Salz • schwarzer Pfeffer • frische Kräuter nach eigenem Geschmack

- Tomaten grob würfeln und zusammen mit Shrimps in eine Schüssel geben. Avocado halbieren, Kern entfernen, Fruchtfleisch mit einem Esslöffel herauslösen und vorsichtig mit Tomaten und Shrimps vermengen.

- Schalotte schälen und fein hacken. Anschließend mit Zitronensaft und Olivenöl zu einem Dressing anrühren und über den Salat geben.

- Mit Salz und Pfeffer abschmecken.

- Kräuter hacken und zum Verfeinern verwenden.

Nährwerte pro Portion
275 kcal • 15 g E • 20 g F • 7 g KH • 5 g B

sommerlich mediterran

Nudelsalat mit Thunfisch und fruchtigen Tomaten

Für 2 Portionen • hoher Eiweißanteil

15 Min. + 10 Min. Garzeit + 10 Min. Ziehzeit

200 g Nudeln, Fusilli • 50 g rote Linsen, roh • 10 Kirschtomaten • 1 mittelgroße rote Paprika • 2 EL Zitronensaft • 3 EL Olivenöl • Salz • schwarzer Pfeffer • ½ Bund Basilikum • 1 Dose Thunfisch, natur (ca. 150 g Abtropfgewicht)

- Nudeln und Linsen getrennt in kochendem Salzwasser bissfest garen, abschütten, abschrecken und abtropfen lassen.

- Kirschtomaten waschen und halbieren. Paprika längs halbieren, Kerne und weiße Bestandteile entfernen, Paprika gründlich waschen und in feine Streifen schneiden.

- Paprikastreifen und Tomaten zusammen mit Nudeln und Linsen in eine große Schüssel geben.

- Zitronensaft, Olivenöl, Salz und Pfeffer verrühren und unter die vorbereiteten Zutaten mischen. 10 Min. ziehen lassen.

- In der Zwischenzeit Basilikum waschen und in schmale Streifen schneiden. Thunfisch abtropfen lassen und zerteilen. Basilikum und Thunfisch anschließend zum Salat geben und servieren.

Nährwerte pro Portion

765 kcal • 35 g E • 35 g F • 70 g KH • 9 g B

cremig und lecker

Einfacher Blumenkohlsalat

Für 2 Portionen • mäßiger Eiweißanteil
20 Min. + 10 Min. Garzeit + 2 Std. Ziehzeit

1 mittelgroßer Blumenkohl • 1 große Schalotte • 2 Stängel Petersilie • 2 EL saure Sahne, 10 % Fett • 1 EL weißer Balsamico • Salz • schwarzer Pfeffer

- Blumenkohl putzen, Strunk entfernen, Blumenkohl in Röschen schneiden. Röschen gründlich waschen und in kochendem Salzwasser kurz blanchieren, abschrecken und abkühlen lassen.

- Schalotte schälen und zusammen mit Petersilie fein hacken. Mit saurer Sahne, Balsamico, Salz und Pfeffer in einer großen Schüssel zu einem Dressing anrühren und den kalten Blumenkohl hinzugeben.

- Im Kühlschrank ca. 2 Std. ziehen lassen, anschließend servieren.

Nährwerte pro Portion
130 kcal • 7 g E • 6 g F • 8 g KH • 7 g B

« Einfacher Blumenkohlsalat

leicht und fruchtig

Knackiger Chicorée-Orangen-Salat

Für 2 Portionen • mäßiger Eiweißanteil
10 Min.

2 kleine Chicorée • 1 mittelgroße Orange • 2 EL Zitronensaft • 4 EL Joghurt, 1,5 % Fett • 2 TL mittelscharfer Senf • Salz

- Chicorée halbieren, bitteren Strunk herausschneiden, Chicorée anschließend in ca. 1 cm breite Streifen schneiden. Orange schälen, filetieren (aus der weißlichen Haut herauslösen) und in Stückchen schneiden. Chicorée und Orangenstückchen auf Tellern anrichten.

- Zitronensaft zusammen mit Joghurt, Senf und Salz in einer Schüssel verrühren und anschließend über Chicorée und Orangen verteilen.

Nährwerte pro Portion
65 kcal • 3 g E • 1 g F • 9 g KH • 5 g B

verdauungsfördernd und lecker

Sauerkrautsalat mit Tomate

Für 2 Portionen • mäßiger Eiweißanteil
15 Min. + 15 Min. Ziehzeit

250 g Sauerkraut • ½ gelbe Paprika • ½ grüne Paprika • 6 Cocktailtomaten • 1 kleine Zwiebel • 1 TL Essig • Salz • schwarzer Pfeffer • 1 TL Meerrettich • 100 g saure Sahne, 10 % Fett • 2 Msp. Paprikapulver, edelsüß • optional: ½ TL Kümmel

- Sauerkraut in eine Schüssel geben und mit 2 Gabeln grob auflockern.

- Paprika längs halbieren, entkernen, waschen und in feine Streifen schneiden. Tomaten ebenfalls waschen, vierteln. Zwiebel schälen und würfeln.

- Paprikastreifen, Tomatenscheiben und Zwiebelwürfel zum Sauerkraut geben und mischen.

- In einer zweiten Schüssel Essig, Salz, Pfeffer, Meerrettich und saure Sahne verrühren, über den Salat gießen und vorsichtig mischen.

- Zugedeckt 15 Min. ziehen lassen, anschließend mit Paprikapulver und optional mit Kümmel bestreuen und servieren.

Nährwerte pro Portion
130 kcal • 5 g E • 6 g F • 11 g KH • 6 g B

Dressings, Dips, Aufstriche & Smoothies

köstlich und schnell gemacht

Feigendip

Für 8 Portionen • geringer Eiweißanteil
20 Min. + 15 Min. Ziehzeit

4 getrocknete Feigen • 80 g Walnüsse • ¼ Biozitrone • 150 g Frischkäse • 100 g griechischer Joghurt, 2 % Fett (z. B. von Fage Total) • 1 EL Olivenöl • 1 TL Honig • ½ TL Thymian, getrocknet • 1 frische Feige • Salz • schwarzer Pfeffer • 2 TL Leinöl

- Feigen in kleine Würfel schneiden, mit heißem Wasser bedecken und 10 Min. ziehen lassen. Währenddessen Walnüsse in einer Pfanne ohne Fett rösten, abkühlen lassen und grob hacken. Zitrone gründlich waschen, etwa 1 TL Schale abreiben und Saft auspressen.

- Feigenwürfel in einem Sieb abtropfen lassen und zusammen mit Zitronenschale und -saft fein pürieren. Frischkäse, Joghurt, Olivenöl, Honig und Thymian unterheben und 15 Min. im Kühlschrank ziehen lassen.

- In der Zwischenzeit frische Feige waschen und in Viertel schneiden.

- Dip mit Salz und Pfeffer abschmecken und vor dem Servieren mit frischen Feigenspalten garnieren und Leinöl darüberträufeln.

Nährwerte pro Portion
215 kcal • 5 g E • 16 g F • 12 g KH • 3 g B

schnell gemacht

Paprika-Gurken-Raita

Für 4 Portionen • geringer Eiweißanteil
10 Min. + 30 Min. Ziehzeit

1 rote Paprika • ½ Salatgurke • 1 Knoblauchzehe • 75 g Schmand • 75 g Mayonnaise • 1 EL Olivenöl • ½ TL Kreuzkümmel • Salz • schwarzer Pfeffer

- Gemüse waschen. Paprika halbieren, Kerngehäuse entfernen, Paprika fein würfeln. Gurke schälen, halbieren und Kerne entfernen, Gurke ebenfalls fein würfeln. Knoblauch schälen und fein hacken.

- Schmand, Mayonnaise und Olivenöl zusammen mit Knoblauch, Paprika- und Gurkenwürfeln glatt rühren und mit Kümmel, Salz und Pfeffer abschmecken.

- Raita etwa 30 Min. im Kühlschrank ziehen lassen.

Nährwerte pro Portion
220 kcal • 2 g E • 22 g F • 3 g KH • 2 g B

tiefgrün und sehr gesund

Kräuterdip

Für 8 Portionen • geringer Eiweißanteil
20 Min. + 10 Min. Garzeit

100 g Cashewkerne • 2 kleine Schalotten • 2 Knoblauchzehen • 3 EL Olivenöl • ½ Biolimette • 1 Bund Schnittlauch • ½ Bund glatte Petersilie • 1 Beet Brunnenkresse • 50 g Sprossenmix • Salz • schwarzer Pfeffer • Chiliflocken

- Cashewkerne in einer Pfanne ohne Fett anrösten, abkühlen lassen und anschließend klein hacken. Schalotten und Knoblauch schälen und fein hacken.

- 1 EL Olivenöl in einer Pfanne erhitzen, Schalotten und Knoblauch glasig andünsten und zu den Cashews beiseitestellen. Limette gründlich waschen, Schale abreiben und Saft auspressen.

- Kräuter und Sprossen waschen, fein hacken und zusammen mit Schalotten, Knoblauch, Cashews, Limettenschale und -saft und 2 EL Olivenöl zu einem Aufstrich verrühren. Mit Salz, Pfeffer und Chiliflocken abschmecken.

Tipp In einem heiß ausgespülten Schraubglas, luftdicht verschlossen, bleibt der Dip im Kühlschrank etwa 3 Tage haltbar.

Nährwerte pro Portion
120 kcal • 3 g E • 10 g F • 4 g KH • 2 g B

gesunde Fette und köstlicher Geschmack

Klassischer Guacamole-Dip

Für 4 Portionen • geringer Eiweißanteil
15 Min. + 30 Min. Ziehzeit

2 Avocados • 2 Biolimetten • 1 Schalotte • 2 Knoblauchzehen • 10 Cherrytomaten • ½ TL Chiliflocken • Salz • schwarzer Pfeffer • 2 Stängel Koriander, frisch • 1 EL Olivenöl

- Avocados halbieren, Kern entfernen, Fruchtfleisch herauslösen.

- Limetten gründlich waschen, Saft auspressen, etwas Schale abreiben, über die Avocado geben und mit einem Pürierstab oder einer Gabel fein zerkleinern.

- Schalotte und Knoblauch schälen, fein hacken. Tomaten waschen, fein würfeln und zusammen mit Zwiebel, Knoblauch und Chiliflocken zur Avocado geben und gut vermischen. Mit Salz und Pfeffer abschmecken.

- Koriander waschen, abschütteln und fein hacken anschließend zusammen mit Olivenöl zur Guacamole geben und verrühren.

- Vor dem Servieren mind. 30 Min. kalt stellen.

Nährwerte pro Portion
180 kcal • 3 g E • 17 g F • 3 g KH • 4 g B

so einfach und so lecker

Petersilienpesto

Für 4 Portionen • geringer Eiweißanteil

10 Min.

40 g Pinienkerne • 100 g glatte Petersilie • 2 Knoblauchzehen • 40 g Parmesan • Salz • schwarzer Pfeffer • 80 ml Olivenöl

- Pinienkerne in einer Pfanne ohne Fett goldbraun anrösten, abkühlen lassen.
- Petersilie waschen, abschütteln und grob hacken. Knoblauch schälen und grob hacken. Parmesan reiben. Anschließend Petersilie zusammen mit Pinienkernen, Knoblauch und Parmesan in einem Mixer fein zerkleinern, dabei nach und nach das Olivenöl dazugeben.
- Mit Salz und Pfeffer abschmecken und in Gläser abfüllen. Zum Schluss das Pesto mit einem Schuss Olivenöl bedecken, dann hält es länger.

Nährwerte pro Portion

280 kcal • 9 g E • 25 g F • 4 g KH • 2 g B

köstlich zu allen Blattsalaten

Johannisbeer-Granatapfel-Dressing

Für 8 Portionen • geringer Eiweißanteil
20 Min.

1 Knoblauchzehe • 100 g rotes Johannisbeergelee • 2 EL Granatapfelkerne • 50 ml weißer Balsamico • 50 ml Olivenöl • 50 ml Rapsöl • 250 ml Gemüsebrühe • 2 TL Senf, mittelscharf • ½ TL rosa Pfefferbeeren • Salz

- Knoblauch schälen und zusammen mit Johannisbeergelee, Granatapfelkernen, Balsamico, beiden Ölen, Gemüsebrühe, Senf und Pfefferbeeren in einem hohen Gefäß mit dem Pürierstab zu einem Dressing mixen und mit Salz abschmecken.

Tipp In saubere Gläser abgefüllt hält sich das Dressing mindestens 1–2 Wochen.

Nährwerte pro Portion

145 kcal • 0 g E • 12 g F • 5 g KH • 0 g B

Hingucker für die Grillzeit

Lavendel-Zitronen-Butter-Aufstrich

Für 10 Portionen • geringer Eiweißanteil
10 Min. + 2 Std. 20 Min. Ziehzeit

½ Biozitrone • 150 g weiche Butter • 1 TL getrocknete Lavendelblüten • 1 TL Salz

- Zitrone gründlich waschen und Schale abreiben. Anschließend Zitronenschale zusammen mit Butter, Lavendelblüten und Salz in einer Schüssel verrühren und etwa 20 Min. kalt stellen.
- Lavendel-Zitronen-Butter aus dem Kühlschrank holen, 2 gleich große Rollen formen, einzeln in etwas Backpapier wickeln und weitere 2 Std. kalt stellen.
- Mit frischem Brot oder Baguette servieren.

Nährwerte pro Portion

115 kcal • 0 g E • 13 g F • 0 g KH • 0 g B

der Klassiker

Honig-Balsamico-Dressing

Für 8 Portionen • geringer Eiweißanteil
15 Min.

100 ml weißer Balsamico • 100 ml Olivenöl • 2 EL Honig • 1 TL Senf, mittelscharf • 50 ml Wasser • Salz • schwarzer Pfeffer

- Alle Zutaten außer Salz und Pfeffer in ein hohes Gefäß geben und mit einem Pürierstab zu einem Dressing mixen. Mit Salz und Pfeffer abschmecken.

Nährwerte pro Portion

120 kcal • 0 g E • 11 g F • 3 g KH • 0 g B

Wintergemüse auf dem Brot

Grünkohlaufstrich

Für 8 Portionen • geringer Eiweißanteil
25 Min. + 1 Std. Ziehzeit

3 EL Pinienkerne • ½ Biozitrone • 200 g Grünkohl, frisch • 2 Knoblauchzehen • 100 g Sonnenblumenkerne • 3 EL Mandelmus • 1 EL Olivenöl • 100 ml Haferdrink • Salz • schwarzer Pfeffer

● Pinienkerne in einer Pfanne ohne Fett goldbraun rösten, anschließend abkühlen lassen. Zitrone gründlich waschen, etwas Schale abreiben, auspressen.

● Grünkohl waschen, putzen, grob hacken. Knoblauch schälen, zusammen mit Grünkohl, Pinienkernen, Zitronensaft und -schale, Sonnenblumenkernen, Mandelmus, Olivenöl und Haferdrink zu einer glatten Masse mixen, mit Salz und Pfeffer abschmecken. Konsistenz eventuell mit etwas Wasser oder Olivenöl anpassen. Aufstrich mind. 1 Std. im Kühlschrank ziehen lassen.

Nährwerte pro Portion
160 kcal • 7 g E • 12 g F • 6 g KH • 2 g B

Gemüse im Glas

Herzhafter Tomate-Gurken-Smoothie

Für 4 Portionen • geringer Eiweißanteil
20 Min.

1 große Salatgurke • 250 g Cherrytomaten • 1 EL Dill, TK • 250 ml Kefir • 6 Eiswürfel • 50 ml Wasser • 4 TL Leinöl • Chiliflocken • schwarzer Pfeffer

● Gurke waschen, schälen und in Würfel schneiden. Tomaten waschen und zusammen mit Gurke, Dill, Kefir, Eiswürfeln und Wasser in einen leistungsstarken Mixer geben und fein pürieren. Leinöl unterrühren und mit Chiliflocken und Pfeffer abschmecken.

Nährwerte pro Portion
95 kcal • 3 g E • 6 g F • 5 g KH • 1 g B

erfrischend

Grüner Minze-Smoothie

Für 4 Portionen • geringer Eiweißanteil
15 Min.

150 g Spinat • 1 großer Apfel • 1 cm Ingwer • 4 Stängel Minze • 1 Biolimette • 3 EL Haferflocken, zart • 2 TL Agavendicksaft • 50 ml Wasser

- Spinat waschen, putzen und verlesen. Apfel waschen, halbieren, Kerngehäuse entfernen und Apfel mit Schale grob würfeln.
- Ingwer schälen und in Scheiben schneiden. Minze waschen und abschütteln, Blätter abzupfen und 4 davon zur Seite legen. Limette gründlich waschen, Schale abreiben und Saft auspressen.
- Spinat, Apfel, Ingwer, Minze, Limettenschale und -saft zusammen mit Haferflocken, Agavendicksaft und Wasser fein pürieren.
- Vor dem Servieren mit Minzblättern garnieren.

Nährwerte pro Portion

70 kcal • 2 g E • 1 g F • 12 g KH • 3 g B

winterlich lecker

Pflaume-Zimt-Smoothie

Für 2 Portionen • geringer Eiweißanteil
10 Min.

150 g Pflaumen • 1 Dattel • 1 TL Zimt • 400 ml Mandeldrink oder andere vegane Alternative • 100 g Sojajoghurt

- Pflaumen gründlich waschen und eventuell Stiele entfernen. Dattel und Pflaumen entsteinen, grob würfeln und zusammen mit Zimt, Mandeldrink und Joghurt in einem Mixer fein pürieren.

Nährwerte pro Portion

115 kcal • 4 g E • 4 g F • 17 g KH • 2 g B

köstliche Kombination

Erdbeer-Basilikum-Smoothie

Für 2 Portionen • geringer Eiweißanteil
10 Min.

2 Stängel Basilikum, frisch • 1 reife Banane • 250 g Erdbeeren, TK • 150 ml Haferdrink oder andere vegane Alternative • 150 g griechischer Joghurt, 2 % Fett (z. B. von Fage Total)

- Basilikum waschen und Blätter abzupfen. Banane schälen und zusammen mit Basilikum, gefrorenen Erdbeeren, Haferdrink und Joghurt in einen leistungsstarken Mixer geben und fein pürieren.
- Kalt servieren.

Nährwerte pro Portion

185 kcal • 6 g E • 4 g F • 30 g KH • 7 g B

» Erdbeer-Basilikum-Smoothie

gelingt leicht

Grünkohl-Smoothie

Für 4 Portionen • geringer Eiweißanteil
20 Min.

2 große Äpfel • 1 Avocado • 1 Bioorange • 150 g Grünkohl, TK • 4 EL Haferflocken, zart

- Äpfel waschen, halbieren, Kerngehäuse entfernen und Äpfel mit Schale grob würfeln. Avocado halbieren, Kern entfernen und Fruchtfleisch herauslösen. Orange gründlich waschen, auspressen und Schale abreiben.

- Äpfel, Avocado, Orangenschale und -saft zusammen mit Grünkohl und Haferflocken in einen Mixer geben und fein pürieren.

Nährwerte pro Portion

110 kcal • 5 g E • 1 g F • 20 g KH • 4 g B

frisch und sommerlich

Feldsalat-Birnen-Smoothie

Für 4 Portionen • geringer Eiweißanteil
20 Min.

150 g Feldsalat • 2 reife Birnen • 1 Banane • 1 Biozitrone • 1 TL Honig • 2 EL Haferflocken, zart • 400 ml Wasser • 5 Eiswürfel

- Feldsalat putzen, waschen und verlesen. Birnen waschen, halbieren und Kerngehäuse entfernen, Birne anschließend grob würfeln.

- Banane schälen und in Stückchen schneiden. Zitrone gründlich waschen, Schale abreiben und Saft auspressen.

- Feldsalat, Birne, Banane, Zitronenschale und -saft zusammen mit Honig, Haferflocken, Wasser und Eiswürfeln in einen leistungsstarken Mixer geben und fein pürieren.

Nährwerte pro Portion

65 kcal • 2 g E • 1 g F • 12 g KH • 3 g B

überraschend fruchtig

Fruchtiger Paprika-Smoothie

Für 4 Portionen • geringer Eiweißanteil
20 Min.

1 Mango • 1 gelbe Paprikaschote • 1 Biozitrone • 1 Bioorange • 1 Banane • 150 g Himbeeren, TK • 400 ml Mandeldrink oder andere vegane Alternative • 100 ml Wasser • 2 TL Kurkumapulver • 2 TL Leinöl

- Mango schälen, Fruchtfleisch vom Stein lösen und würfeln. Paprika waschen, halbieren, Kerngehäuse entfernen, Paprika klein schneiden.

- Zitrone und Orange gründlich waschen, Schale abreiben und Saft auspressen. Banane schälen.

- Mango, Paprika, Zitronen- und Orangensaft sowie Zitronen- und Orangenschale und Banane zusammen mit gefrorenen Himbeeren, Mandeldrink, Wasser und Kurkuma in einem Mixer fein pürieren, anschließend Leinöl unterrühren und Smoothie in Gläser füllen.

Nährwerte pro Portion

140 kcal • 3 g E • 4 g F • 21 g KH • 6 g B

« Grünkohl-Smoothie

stärkt das Immunsystem

Abwehrkraft-Smoothie

Für 4 Portionen • geringer Eiweißanteil
20 Min.

2 Stangen Staudensellerie • 2 große Äpfel • ½ Salatgurke • 2 cm Ingwer • 1 Bio Orange • 1 Bio Zitrone • 2 Handvoll Brennnesselblätter, frisch • 1 TL Kurkumapulver • 200 ml Karottensaft • Eiswürfel

- Obst, Gemüse und Brennnesselblätter gründlich waschen, Staudensellerie putzen und in Stücke schneiden. Äpfel halbieren, Kerngehäuse entfernen, Äpfel mit Schale grob würfeln.
- Salatgurke und Ingwer schälen, anschließend würfeln. Schale von Orange und Zitrone abreiben, Saft auspressen. Brennnesselblätter verlesen.
- Sellerie, Äpfel, Gurke, Ingwer, Schalenabrieb und Saft zusammen mit Brennnesselblättern, Kurkuma und Karottensaft in einen Mixer geben und fein pürieren.
- In Gläser füllen und mit Eiswürfeln servieren.

Nährwerte pro Portion
95 kcal • 2 g E • 1 g F • 17 g KH • 4 g B

klassisch lecker

Karotten-Apfel-Smoothie

Für 4 Portionen • geringer Eiweißanteil
20 Min.

3 Karotten • 2 Äpfel • 3 cm Ingwer • 2 TL Honig • 500 ml Wasser • 2 TL Leinöl • Eiswürfel

- Karotten und Äpfel gründlich waschen, Äpfel halbieren und Kerngehäuse entfernen. Karotten und halbierte Äpfel mit Schale grob würfeln.
- Ingwer schälen und zusammen mit Äpfeln, Karotten, Honig und Wasser in einen Mixer geben und fein pürieren. Anschließend Leinöl unterrühren und mit Eiswürfeln servieren.

Nährwerte pro Portion
90 kcal • 1 g E • 3 g F • 14 g KH • 4 g B

großartige Farben auf dem Tisch

Heidelbeer-Smoothie

Für 2 Portionen • geringer Eiweißanteil
10 Min.

1 reife Banane • 200 g Heidelbeeren, TK • 125 g Soja-Joghurt • 120 ml Haferdrink oder andere vegane Alternative

- Banane schälen und zusammen mit allen anderen Zutaten in einen leistungsstarken Mixer geben und fein pürieren.
- Kalt servieren.

Nährwerte pro Portion
185 kcal • 4 g E • 2 g F • 36 g KH • 5 g B

» Heidelbeersmoothie

Hauptgerichte

mediterraner Sattmacher

Kartoffel-Power-Bowl

Für 4 Portionen • geringer Eiweißanteil
25 Min. + 25 Min. Backzeit

1,2 kg Kartoffeln, Drillinge • 100 ml Olivenöl • 1 TL Rosmarin • Salz • 500 g bunte Tomaten • 4 Handvoll Rucola • 1 große Schalotte • 2 Knoblauchzehen • 5 EL Granatapfelkerne • 2 EL weißer Balsamico • 1 TL Oregano, getrocknet • schwarzer Pfeffer • 2 EL Mandeln, gehobelt

- Backofen auf 200 °C Ober- und Unterhitze vorheizen.

- Kartoffeln gründlich waschen und mit Schale mundgerecht würfeln. In einer großen Schüssel mit 1 EL Olivenöl, Rosmarin und Salz mischen. Anschließend Kartoffeln auf einem mit Backpapier ausgelegten Backblech in 20–25 Min. goldgelb backen.

- Zwischenzeitlich Tomaten waschen, halbieren. Rucola waschen und trocken schleudern. Schalotte und Knoblauch schälen, anschließend grob würfeln.

- Rest des Olivenöls, Schalotte, Knoblauch, Granatapfelkerne, Balsamico und Oregano zusammen mit Salz und Pfeffer in ein hohes Gefäß geben und mit dem Pürierstab zu einem cremigen Dressing mixen.

- Auf großen Tellern zuerst den Rucola verteilen, darauf Kartoffeln und Tomaten türmen und Dressing darüberträufeln. Vor dem Servieren mit Mandeln garnieren.

Nährwerte pro Portion
495 kcal • 10 g E • 26 g F • 50 g KH • 11 g B

mediterraner Genuss

Kartoffelauflauf mit Zucchini und Paprika

Für 4 Portionen • mäßiger Eiweißanteil
30 Min. + 20 Min. Backzeit

500 g Kartoffeln, festkochend • 1 rote Paprika • 400 g Zucchini • 1 große Schalotte • 2 EL Olivenöl • 50 g Parmesan, frisch gerieben • 2 Eier • 100 ml Schlagsahne • Salz • schwarzer Pfeffer • 1 EL Thymian, getrocknet • Muskatnuss, frisch gerieben

- Kartoffeln schälen, waschen und in dünne Scheiben schneiden. In kochendem Salzwasser etwa 4 Min. garen und in einem Sieb mit kaltem Wasser abschrecken.

- Backofen auf 200 °C Ober- und Unterhitze vorheizen.

- Paprika waschen, halbieren und Kerngehäuse entfernen, Paprika in kleine Würfel schneiden. Zucchini ebenfalls waschen, Stielansatz entfernen, Zucchini in dünne Scheiben schneiden. Schalotte schälen und hacken.

- Eine Auflaufform mit Olivenöl einfetten. Kartoffel- und Zucchinischeiben abwechselnd in die Form schichten und mit Schalotten und Paprikawürfeln belegen.

- Parmesan mit Eiern, Sahne, Salz, Pfeffer und Thymian und Muskatnuss verquirlen. Über das Gemüse in der Auflaufform gießen und anschließend in 20 Min. goldbraun backen.

Nährwerte pro Portion
310 kcal • 14 g E • 19 g F • 20 g KH • 3 g B

schmeckt auch kalt

Wirsing-Kartoffel-Bratlinge

Für 4 Portionen • mäßiger Eiweißanteil
⏲ 30 Min. + 25 Min. Garzeit

800 g Kartoffeln, mehligkochend • 1 kleiner Wirsing • 2 Schalotten • 2 Knoblauchzehen • 2 Stängel Petersilie • 3 kleine Eier • 2 EL Dinkelmehl Type 630 • Salz • schwarzer Pfeffer • Muskatnuss, frisch gerieben • 3–4 EL Olivenöl • 4 EL griechischer Joghurt, 2 % Fett (z. B. von Fage Total)

- Kartoffeln schälen, waschen und in Salzwasser bissfest garen. Währenddessen Wirsing waschen, putzen und in feine Streifen schneiden. Anschließend kurz blanchieren und mit kaltem Wasser abschrecken.

- Schalotten und Knoblauch schälen und fein hacken. Petersilie waschen, abschütteln und ebenfalls fein hacken.

- Kartoffeln abgießen und durch eine Presse drücken oder mit dem Kartoffelstampfer fein zerkleinern. Anschließend den Kartoffelbrei zusammen mit Wirsing, Schalotten, Knoblauch, Eiern, Dinkelmehl, Salz, Pfeffer und Muskatnuss in einer großen Schüssel mischen und zu einem glatten Teig verrühren. Bei Bedarf etwas Mehl einarbeiten, wenn der Teig zu nass ist.

- Etwa 8 Bratlinge formen, Olivenöl in einer Pfanne erhitzen und Bratlinge goldgelb ausbacken. Überschüssiges Öl mit Küchenkrepp aufsaugen.

- Bratlinge mit einem Klecks Joghurt servieren und mit Petersilie und Pfeffer verfeinern.

Nährwerte pro Portion
345 kcal • 13 g E • 14 g F • 38 g KH • 8 g B

schmeckt nach Urlaub

Reispfanne mit Auberginen und Feta

Für 4 Portionen • mäßiger Eiweißanteil
⏲ 20 Min. + 20 Min. Garzeit

1 große Aubergine • 1 rote Paprika • 2 rote Zwiebeln • 2 Knoblauchzehen • 1 Dose Kichererbsen • 3 EL Olivenöl • 4 EL Tomatenmark • 250 g Reis • 600 ml Gemüsebrühe • 1 Dose Tomaten, gestückelt • 200 g Feta • 1 EL Thymian, getrocknet • Salz • schwarzer Pfeffer

- Gemüse waschen, Stielansatz von Aubergine entfernen, Aubergine würfeln. Paprika halbieren, Kerngehäuse entfernen, Paprika in Streifen schneiden. Zwiebeln und Knoblauch schälen und fein hacken. Kichererbsen mit Wasser abspülen und abtropfen lassen.

- Olivenöl in einer großen Pfanne erhitzen. Zwiebeln, Knoblauch, Aubergine, Paprika und Tomatenmark etwa 5 Min. anbraten. Reis hinzufügen, kurz mitbraten und mit Gemüsebrühe ablöschen.

- Bei schwacher Hitze köcheln lassen, bis der Reis gar ist. Tomaten und Kichererbsen hinzufügen und weiter köcheln lassen, bis die Flüssigkeit verdampft ist.

- Feta zerbröseln und zusammen mit Thymian unter die Reispfanne heben. Mit Salz und Pfeffer abschmecken.

Nährwerte pro Portion
665 kcal • 23 g E • 25 g F • 82 g KH • 11 g B

» Wirsing-Kartoffel-Bratlinge

herrlich italienisch

Gemüse-Nudel-Gratin mit Ricotta und Walnüssen

Für 4 Portionen • mäßiger Eiweißanteil
⏲ 30 Min. + 20 Min. Backzeit

250 g Vollkorn- oder Dinkelnudeln • 1 gelbe Paprika • 2 kleine Zucchini • 2 Schalotten • 2 Knoblauchzehen • 4 EL Olivenöl • 2 TL Rosmarin, getrocknet • 2 Dosen Tomaten, gestückelt • 500 ml Gemüsebrühe • Salz • schwarzer Pfeffer • 3 EL dunkler Balsamico • 1 TL Oregano, getrocknet • 200 g Ricotta • 4 EL Parmesan, frisch gerieben • 4 EL Walnüsse

- Nudeln in einem Topf mit Salzwasser in etwa der Hälfte der auf der Packung angegebenen Zeit bissfest garen.

- Gemüse waschen, Paprika halbieren, Kerngehäuse entfernen, Paprika würfeln. Stielansatz von Zucchini entfernen, Zucchini in Scheiben schneiden. Schalotten und Knoblauch schälen, anschließend fein hacken.

- Backofen auf 180 °C Ober- und Unterhitze vorheizen.

- Olivenöl in einer Pfanne erhitzen und Schalotten glasig andünsten. Paprika, Zucchini, Knoblauch und Rosmarin hinzugeben und etwa 5 Min. bei mittlerer Hitze mitbraten. Tomaten und Brühe in die Pfanne geben, mit Salz, Pfeffer, Balsamico und Oregano abschmecken.

- Nudeln und Gemüsesoße in eine mit Olivenöl gefettete Auflaufform geben, Ricotta in Klecksen darüber verteilen, mit Parmesan bestreuen und in etwa 20 Min. im Backofen goldgelb backen, anschließend mit Walnüssen garnieren.

Nährwerte pro Portion
560 kcal • 22 g E • 27 g F • 52 g KH • 9 g B

schnell gemacht

Vollkornlinguine mit Spinat und Tomaten

Für 4 Portionen • mäßiger Eiweißanteil
⏲ 25 Min. + 10 Min. Garzeit

250 g Babyspinat, frisch • 1 rote Zwiebel • 1 Knoblauchzehe • 8 mittelgroße Tomaten • 400 g Vollkornlinguine • 2 EL Olivenöl • 150 ml Gemüsebrühe • Salz • schwarzer Pfeffer

- Spinat waschen, verlesen und trocken schleudern.

- Zwiebel und Knoblauch schälen, fein hacken. Tomaten auf der Unterseite über Kreuz einritzen, mit heißem Wasser überbrühen, unter kaltem Wasser abschrecken, die Haut entfernen, Fleisch anschließend in grobe Stücke schneiden.

- Nudeln in kochendem Salzwasser nach Packungsanweisung garen. Inzwischen Olivenöl in einer Pfanne erhitzen, Zwiebeln und Knoblauch glasig andünsten, Spinat und Tomaten hinzufügen und kurz anbraten. Mit Gemüsebrühe ablöschen und bei mittlerer Hitze etwa 3 Min. köcheln lassen.

- Nudeln abgießen und in einem Sieb abtropfen lassen. Anschließend mit in die Pfanne geben, mit Salz und Pfeffer abschmecken.

Nährwerte pro Portion
450 kcal • 16 g E • 8 g F • 73 g KH • 11 g B

orientalisch ballaststoffreich

Linsentopf mit Paprika und Kartoffeln

Für 4 Portionen • mäßiger Eiweißanteil
30 Min. + 30 Min. Garzeit

400 g Kartoffeln, Drillinge • 1 rote Paprika • 1 gelbe Paprika • 1 große rote Zwiebel • 2 Knoblauchzehen • 4 EL Olivenöl • 250 g rote Linsen • 4 EL Kokosflocken • 800 ml Gemüsebrühe • 1 Dose Tomaten, gestückelt • 4 EL Tomatenmark • 2 EL Paprikapulver, edelsüß • 1 TL Currypulver • 1 TL Chiliflocken • ½ TL Kreuzkümmel oder Garam Masala • 1 EL Oregano, getrocknet • Muskatnuss, frisch gerieben • Salz • schwarzer Pfeffer • 2 Stängel Petersilie

- Kartoffeln gründlich waschen und mit Schale mundgerecht würfeln.

- Gemüse waschen, Paprika halbieren, Kerngehäuse entfernen, Paprika in Streifen schneiden. Zwiebel und Knoblauch schälen, anschließend fein hacken.

- Olivenöl in einer großen Pfanne erhitzen, Zwiebel und Knoblauch kurz andünsten. Kartoffeln, Paprika, Linsen und Kokosflocken hinzugeben und kurz mitbraten. Anschließend mit Brühe und Tomaten ablöschen. Mit Tomatenmark, Paprika- und Currypulver, Chiliflocken, Kreuzkümmel, Oregano, und Muskatnuss würzen und mit Salz und Pfeffer abschmecken.

- Bei mittlerer Hitze 25–30 Min. köcheln lassen, bis die Linsen und die Kartoffeln gar sind. Zwischenzeitlich Petersilie waschen, fein hacken und vor dem Servieren den Linsentopf damit verfeinern.

Nährwerte pro Portion
495 kcal • 21 g E • 17 g F • 54 g KH • 16 g B

Blumenkohl überraschend anders

Blumenkohl-Kichererbsen-Gratin mit Tahine

Für 2 Portionen • mäßiger Eiweißanteil
30 Min. + 50 Min. Backzeit

1 mittelgroßer Blumenkohl • 3 EL Olivenöl • Salz • 1 Dose Kichererbsen • 1 Biozitrone • 2 Stängel Petersilie • 2 EL Tahine (Sesampaste) • 2 EL Wasser • schwarzer Pfeffer • 4 EL Granatapfelkerne

- Backofen auf 180 °C auf Ober- und Unterhitze vorheizen.

- Blumenkohl waschen, putzen und in Röschen schneiden, Strunk würfeln. Blumenkohl in eine Auflaufform geben, mit Olivenöl beträufeln und zusammen mit Salz gut durchmischen. Im Ofen etwa 20 Min. backen.

- Währenddessen Kichererbsen mit Wasser abspülen und in einem Sieb abtropfen lassen. Zitrone gründlich waschen, etwa die Hälfte der Schale abreiben und Saft auspressen.

- Blumenkohl kurz aus dem Backofen holen, Kichererbsen, Zitronenschale und etwa die Hälfte des Saftes untermischen. Für weitere 30 Min. in den Backofen geben. Petersilie waschen, abschütteln und hacken.

- Tahine, Rest des Zitronensafts und Wasser in ein kleines Schraubglas geben und gut durchschütteln. Mit Salz und Pfeffer abschmecken und vor dem Servieren zusammen mit Granatapfelkernen und Petersilie über das Gratin geben.

Nährwerte pro Portion
480 kcal • 20 g E • 24 g F • 40 g KH • 16 g B

köstliche Kombination

Kartoffelbrei mit Balsamico-Karotten

Für 2 Portionen • geringer Eiweißanteil
20 Min. + 20 Min. Garzeit

400 g Kartoffeln, mehligkochend • 5 große Karotten • 1 EL Butter • 1 EL Zucker • 3 EL Balsamico, dunkel • Salz • schwarzer Pfeffer • 100 ml Schlagsahne • 2 EL Olivenöl • Muskatnuss, frisch gerieben • 1 Stängel Petersilie

- Kartoffeln schälen, waschen, halbieren und in kochendem Salzwasser weich garen.

- Zwischenzeitlich Karotten schälen, waschen und schräg in etwa 5 mm dicke Scheiben schneiden. Karottenscheiben in einem Topf mit kochendem Wasser etwa 5 Min. garen, mit kaltem Wasser abschrecken und in einem Sieb abtropfen lassen.

- Butter in einer Pfanne bei mittlerer Hitze zerlassen und Zucker einrühren, bis er goldgelb karamellisiert. Karottenscheiben hinzufügen und etwa 3 Min. in der süßen Butter anrösten, mit Balsamico ablöschen und mit Salz und Pfeffer würzen. Bis zum Servieren warm halten.

- Kartoffeln abschütten und mit einem Kartoffelstampfer fein zerkleinern, Sahne und Olivenöl unterrühren und mit Salz, Pfeffer und Muskatnuss abschmecken. Petersilie waschen und fein hacken.

- Kartoffelbrei mit den Karotten auf einem Teller anrichten und mit frischer Petersilie servieren.

Nährwerte pro Portion
460 kcal • 6 g E • 25 g F • 47 g KH • 8 g B

sommerlich leicht

Vollkornspaghetti mit Brokkoli in cremiger Zitronensoße

Für 4 Portionen • hoher Eiweißanteil
50 Min. + 15 Min. Garzeit

300 g Vollkornspaghetti • 1 Brokkoli • ½ kleiner Spitzkohl • 3 Frühlingszwiebeln • 2 Knoblauchzehen • 1 Biozitrone • 4 EL Olivenöl • 400 ml Gemüsebrühe • 100 ml Weißwein, trocken • 250 g Frischkäse • 1 TL Chiliflocken, getrocknet • Salz • schwarzer Pfeffer

- Spaghetti in einem Topf mit Salzwasser laut Packungsanweisung garen, in einem Sieb abtropfen lassen.

- Gemüse waschen, Brokkoli in Röschen schneiden und den Strunk würfeln. Spitzkohl halbieren und den Strunk keilförmig herausschneiden, anschließend Kohl in Streifen schneiden und zusammen mit Brokkoli kurz blanchieren.

- Wurzel von Frühlingszwiebeln entfernen und in Ringe schneiden. Knoblauch schälen und hacken. Zitrone gründlich waschen und Schale komplett abreiben, Saft auspressen und zur Seite stellen.

- Olivenöl in einem großen Topf erhitzen und Zwiebelweiß glasig andünsten, Knoblauch, Brokkoli und Spitzkohl hinzufügen und etwa 5 Min. anbraten. Mit Gemüsebrühe und Weißwein ablöschen und kurz aufkochen lassen. Frischkäse unterrühren und mit Zitronensaft und -schale, Chili, Salz und Pfeffer abschmecken. Nudeln zur Soße in die Pfanne geben und gut mischen.

- Vor dem Servieren mit Zwiebelgrün garnieren.

Nährwerte pro Portion
555 kcal • 33 g E • 18 g F • 54 g KH • 13 g B

lecker

Zucchini-Tagliatelle mit Limettenfrischkäse

Für 4 Portionen • mäßiger Eiweißanteil
25 Min. + 10 Min. Garzeit

2 Schalotten • 2 kleine Zucchini • ½ Bund Basilikum • 1 Biolimette • 400 g Vollkorntagliatelle • 2 EL Olivenöl • 200 ml Gemüsebrühe • 100 g Frischkäse • Salz • schwarzer Pfeffer

- Schalotten schälen und fein würfeln, Zucchini waschen, Stielansatz entfernen, Zucchini durch einen Spiralschneider drehen oder mit einem Sparschäler dünne Streifen abhobeln. Basilikum waschen, abschütteln, Blätter abzupfen und grob hacken. Limette gründlich waschen und Schale mit einer Küchenreibe fein abreiben.

- Tagliatelle in leicht gesalzenem Wasser nach Packungsanweisung kochen. In der Zwischenzeit Olivenöl in einer Pfanne erhitzen, Schalotten und Zucchini glasig andünsten, mit Gemüsebrühe ablöschen und etwa 5 Min. bei geringer Hitze köcheln lassen. Frischkäse unterrühren und mit Salz, Pfeffer und Limettenschale abschmecken.

- Tagliatelle in einem Sieb abtropfen lassen, in die Pfanne zur Soße geben und kräftig unterheben. Vor dem Servieren mit Basilikum verfeinern.

Tipp Haben Sie Limoncello (italienischer Schnaps) im Schrank? Verfeinern Sie die Soße einfach mit einem kleinen Schnapsglas voll.

Nährwerte pro Portion
445 kcal • 18 g E • 9 g F • 70 g KH • 8 g B

So mag ich meine Kartoffeln

Honig-Senf-Röstkartoffeln mit buntem Salat

Für 4 Portionen • geringer Eiweißanteil
25 Min. + 30 Min. Backzeit

800 g Kartoffeln, Drillinge • 2 Knoblauchzehen • 2 EL Senf, mittelscharf • 2 EL Honig • 4 EL Olivenöl • 2 EL Zitronensaft • Salz • schwarzer Pfeffer • 10 Kirschtomaten • ½ Salatgurke • 2 Handvoll Blattsalat • 1–2 EL dunkler Balsamico

- Backofen auf 180 °C Ober- und Unterhitze vorheizen.

- Kartoffeln gründlich waschen und mit Schale in mundgerechte Würfel schneiden. Knoblauch schälen und fein hacken. Senf, Honig, 3 EL Olivenöl, Zitronensaft, Knoblauch, Salz und Pfeffer in einer großen Schüssel mischen und anschließend die Kartoffelwürfel in der Honig-Senf-Soße marinieren und in 30 Min. im Backofen goldgelb backen.

- Währenddessen Gemüse waschen und Salat trocken schleudern. Tomate und Gurke würfeln und zusammen mit Blattsalat in eine Schüssel geben, mit 1 EL Olivenöl, Balsamico, Salz und Pfeffer abschmecken.

- Kartoffeln und Salat zusammen auf einem Teller anrichten und servieren.

Nährwerte pro Portion
280 kcal • 6 g E • 10 g F • 37 g KH • 6 g B

leicht zuzubereiten

Blumenkohlsteak mit Salzkartoffeln und Kräuterdip

Für 4 Portionen • geringer Eiweißanteil
30 Min.

1 mittelgroßer Blumenkohl • 600 g Kartoffeln, festkochend • 2 EL Olivenöl • Salz • schwarzer Pfeffer • 2 Msp. Paprikapulver, edelsüß • Kräuterdip (Seite 70)

- Backofen auf 220 °C Ober- und Unterhitze vorheizen.

- Blumenkohl gründlich waschen. Blätter entfernen, Blumenkohl von der Mitte aus in 1,5–2 cm dicke Scheiben schneiden. Darauf achten, dass der Strunk die Scheiben zusammenhält. Kartoffeln schälen.

- Olivenöl in einer Pfanne erhitzen und Blumenkohlscheiben von jeder Seite ca. 4 Min. anbraten. Blumenkohlscheiben auf ein mit Backblech ausgelegtes Backblech legen, mit Salz, Pfeffer und etwas Paprikapulver bestreuen. Etwa 20 Min. im Ofen backen, bis die Scheiben gar sind.

- Währenddessen Salzwasser in einem Topf zum Kochen bringen und Kartoffeln weich garen.

- Kartoffeln zusammen mit Blumenkohlscheiben auf einem Teller anrichten und mit 1–2 EL Kräuterdip oder grünen Pesto servieren.

Nährwerte pro Portion
220 kcal • 9 g E • 15 g F • 32 g KH • 10 g B

» Blumenkohlsteak mit Salzkartoffeln und Kräuterdip

Wurzelgemüse mal anders

Ofenpastinaken auf Walnusspasta

Für 2 Portionen • mäßiger Eiweißanteil
⏲ 15 Min. + 10 Min. Garzeit + 25 Min. Backzeit

4 mittelgroße Pastinaken • 3 EL Olivenöl • 1 TL Honig • 2 EL Thymian, getrocknet • Salz • schwarzer Pfeffer • 250 g Linguine oder Tagliatelle • 40 g Walnüsse • 2 EL Butter • 150 g helle, kernlose Weintrauben • 2 Stängel Petersilie

- Backofen auf 220 °C Ober- und Unterhitze vorheizen.
- Pastinaken schälen, waschen, der Länge nach achteln und in eine Auflaufform geben.
- Olivenöl, Honig, Thymian, Salz und Pfeffer mischen, über die Pastinaken in die Auflaufform geben und etwa 25 Min. im Backofen rösten.
- In der Zwischenzeit Linguine nach Packungsanweisung bissfest garen.
- Walnüsse grob hacken und in einer beschichteten Pfanne ohne Fett goldbraun anbraten, anschließend Butter und Weintrauben dazugeben, mit Salz und Pfeffer würzen. Hitze reduzieren und Pfanne warm halten. Petersilie waschen und fein hacken.
- Linguine abgießen und in einem Sieb gut abtropfen lassen, in die Pfanne zu Walnüssen, Butter und Weintrauben geben. Pastinaken aus dem Backofen holen und ebenfalls in die Pfanne geben und gut durchmischen.
- Vor dem Servieren die Pasta mit Petersilie verfeinern.

Nährwerte pro Portion
955 kcal • 22 g E • 39 g F • 125 g KH • 13 g B

schnell gemacht

Gebackene Süßkartoffel mit Avocadofrischkäse

Für 2 Portionen • mäßiger Eiweißanteil
⏲ 10 Min. + 25 Min. Backzeit

500 g Süßkartoffel • 2 EL Olivenöl • Salz • 1 Biolimette • 1 Knoblauchzehe • 1 Avocado • 150 g Frischkäse • schwarzer Pfeffer

- Backofen auf 200 °C Ober- und Unterhitze vorheizen.
- Süßkartoffel gründlich waschen, unschöne Stellen ausschneiden, mundgerecht würfeln.
- In einer großen Schüssel Süßkartoffelwürfel, 1 EL Olivenöl und Salz mischen und auf einem mit Backpapier ausgelegten Backblech gleichmäßig verteilen, anschließend etwa 25 Min. backen.
- In der Zwischenzeit Limette waschen, halbieren und Saft vollständig auspressen. Knoblauch schälen und fein hacken. Avocado schälen, den Kern herauslösen, Fruchtfleisch in eine Schüssel geben und mit einer Gabel fein zerdrücken. Limettensaft darübergeben und gut durchmischen. Frischkäse, Knoblauch und 1 EL Olivenöl unterheben und mit Salz und Pfeffer abschmecken.
- Süßkartoffel aus dem Backofen holen, auf Teller verteilen und mit Avocadofrischkäse anrichten.

Tipp Frischer Koriander sorgt für noch mehr Würze im Avocadofrischkäse und ist sehr gesund.

Nährwerte pro Portion
460 kcal • 16 g E • 25 g F • 40 g KH • 9 g B

deftig und gesund

Bunte Gemüsepfanne mit Kartoffeln

Für 4 Portionen • geringer Eiweißanteil
30 Min.

500 g Kartoffeln, vorwiegend festkochend • 1 rote Paprika • 1 gelbe Paprika • 1 große Aubergine • 2 große Zwiebeln • 2 Knoblauchzehen • 4 EL Olivenöl • 100 g grüne Bohnen, TK • 2 Stängel Petersilie • 4 EL Frischkäse, Halbfettstufe • 2 EL Tomatenmark • Paprikapulver, edelsüß • Salz • schwarzer Pfeffer

- Kartoffeln schälen, waschen, grob würfeln und in Salzwasser bissfest, aber nicht weich garen und danach im Sieb abtropfen lassen.

- Paprika und Aubergine waschen, halbieren. Kerngehäuse bei den Paprika und Stielansatz der Aubergine entfernen, Gemüse in Würfel schneiden. Zwiebeln und Knoblauch schälen, anschließend fein hacken.

- Olivenöl in einem großen Topf erhitzen. Zwiebeln und Knoblauch glasig andünsten, danach das gewürfelte Gemüse zusammen mit den Kartoffeln und den Bohnen hinzufügen und etwa 10 Min. bei mittlerer Hitze anbraten. Währenddessen die Petersilie waschen und hacken.

- Frischkäse, Tomatenmark und Paprikapulver unter das Gemüse mischen.

- Vor dem Servieren mit Salz und Pfeffer abschmecken und mit Petersilie bestreuen.

Nährwerte pro Portion
250 kcal • 7 g E • 10 g F • 29 g KH • 8 g B

alles aus einem Topf

One-Pot-Bulgur mit Wirsing, Pesto und Büffelmozzarella

Für 4 Portionen • mäßiger Eiweißanteil
40 Min. + 20 Min. Garzeit

½ kleiner Wirsing • 2 kleine Schalotten • 2 Knoblauchzehen • 2 EL Olivenöl • 200 ml Weißwein, trocken, oder Saft von 1 Biozitrone • 500 ml Gemüsebrühe • 300 g Bulgur • 4 EL grünes Pesto • 1 Msp. Paprikapulver, edelsüß • Salz • schwarzer Pfeffer • 200 g Büffelmozzarella • 1 EL Buchweizen

- Wirsing waschen, Strunk entfernen, Wirsing in etwa 1 cm breite Streifen schneiden. Schalotte und Knoblauch schälen, anschließend fein hacken.

- Olivenöl in einem großen Topf erhitzen, Schalotten glasig andünsten, Wirsing und Knoblauch hinzufügen und etwa 2 Min. anschwitzen. Mit Weißwein oder Zitronensaft und Gemüsebrühe ablöschen, Bulgur hinzufügen und zugedeckt bei mittlerer Hitze etwa 20 Min. köcheln lassen, gelegentlich umrühren.

- Wenn der Bulgur bissfest gegart ist, Pesto zusammen mit Paprikapulver unterrühren und mit Salz und Pfeffer abschmecken.

- Vor dem Servieren mit grob gestückeltem Büffelmozzarella und Buchweizen garnieren.

Tipp Feta schmeckt auch sehr köstlich zu diesem Rezept. Einfach den Büffelmozzarella durch 200 g Feta ersetzen.

Nährwerte pro Portion
575 kcal • 19 g E • 23 g F • 58 g KH • 10 g B

schnell gemacht

One-Pot-Couscous mit Gemüse

Für 4 Portionen • mäßiger Eiweißanteil
30 Min. + 10 Min. Garzeit + 5 Min. Ziehzeit

1 Brokkoli • 5 große Karotten • 1 gelbe Paprika • 5 große Champignons • 1 große Zwiebel • 4 EL Olivenöl • 600 ml Gemüsebrühe • 200 g Frischkäse • 2 EL Paprikapulver, edelsüß • Salz • schwarzer Pfeffer • 250 g Couscous

- Gemüse waschen, Brokkoli putzen und in Röschen schneiden, Strunk würfeln. Karotten schälen und in Scheiben schneiden. Paprika halbieren, Kerngehäuse entfernen, Paprika in Streifen schneiden. Champignons vierteln. Zwiebel schälen und hacken.

- Olivenöl in einer Pfanne erhitzen und Champignons etwa 4 Min. anbraten. Restliches Gemüse hinzufügen und bei mittlerer Hitze andünsten, mit Gemüsebrühe ablöschen und bei geringer Hitze 5 Min. köcheln lassen.

- Frischkäse einrühren, mit Paprikapulver, Salz und Pfeffer abschmecken. Couscous dazugeben und wenn nötig etwas Wasser hinzufügen.

- Topf vom Herd nehmen und mit geschlossenem Deckel mindestens 5 Min. ziehen lassen, bis der Couscous gar ist.

Nährwerte pro Portion
495 kcal • 25 g E • 13 g F • 62 g KH • 12 g B

leckere Kombination

Feta-Gemüse-Pfanne

Für 4 Portionen • mäßiger Eiweißanteil
30 Min. + 10 Min. Garzeit

1,2 kg Kartoffeln, festkochend • 1 grüne Paprika • 1 gelbe Paprika • 1 rote Paprika • ½ Brokkoli • 2 große rote Zwiebeln • 4 EL Olivenöl • 1 EL Oregano, getrocknet • 1 EL Thymian, getrocknet • 150 ml Gemüsebrühe • 1 EL Zitronensaft • Salz • schwarzer Pfeffer • 200 g Feta

- Kartoffeln waschen und mit Schale in 5–8 Min. bissfest kochen, pellen und der Länge nach in Viertel schneiden. Gemüse waschen, Paprika halbieren, Kerngehäuse entfernen, Paprika in Streifen schneiden. Brokkoli waschen, putzen und in Röschen schneiden. Zwiebeln schälen und grob würfeln.

- Brokkoli in einem Topf mit leicht gesalzenem Wasser etwa 3 Min. vorgaren, anschließend abgießen und kalt abschrecken.

- Olivenöl in einer Pfanne erhitzen, Kartoffeln, Paprika, Zwiebeln, Brokkoli, Oregano und Thymian anbraten und mit Gemüsebrühe ablöschen. Mit Salz, Pfeffer und Zitronensaft abschmecken.

- Gemüse ca. 5 Min. in der Pfanne rösten und mit zerbröckeltem Feta servieren.

Nährwerte pro Portion
520 kcal • 20 g E • 54 g F • 20 g KH • 12 g B

« One-Pot-Couscous mit Gemüse

klassisch und einfach

Spaghetti in Salbeibutter

Für 2 Portionen • mäßiger Eiweißanteil
10 Min. + 10 Min. Garzeit

250 g Spaghetti • 1 kleine Schalotte • 1 Knoblauchzehe • 8–10 Salbeiblätter, frisch • 2 TL Butter • 4 EL Schlagsahne • Salz • schwarzer Pfeffer

- Spaghetti nach Packungsanweisung bissfest garen.
- In der Zwischenzeit Schalotte und Knoblauch schälen, anschließend fein hacken. Salbei waschen und in feine Streifen schneiden.
- Butter in einer Pfanne zerlassen, Schalotte und Knoblauch kurz andünsten, Salbei hinzufügen und bei mittlerer Hitze etwa 2 Min. durchschwenken.
- Spaghetti in einem Sieb abtropfen lassen und zur Salbeibutter in die Pfanne geben, Sahne unterrühren und mit Salz und Pfeffer abschmecken.

Tipp Etwas abgeriebene Schale einer Biozitrone gibt dem Gericht eine sommerliche Note.

Nährwerte pro Portion
505 kcal • 16 g E • 22 g F • 90 g KH • 7 g B 840

Überraschungspaket

Mediterrane Lachspäckchen

Für 4 Portionen • hoher Eiweißanteil
20 Min. + 20 Min. Garzeit

50 g schwarze Oliven • 8 sonnengetrocknete Tomaten • 1 Biolimette • 4 Lachsfilets • 4 EL Weißwein, trocken • Salz • 100 g Mozzarella, gerieben • 3 Stängel Basilikum • Pfeffer

- Backofen auf 200 °C Ober- und Unterhitze vorheizen.
- Oliven und Tomaten in Streifen schneiden. Limette gründlich waschen und Saft auspressen. Lachsfilets waschen und abtupfen, anschließend je auf ein Stück Backpapier (etwa 35 cm × 35 cm) legen.
- Lachs mit Limettensaft, Wein und Salz würzen, mit Mozzarella bestreuen und mit Oliven und Tomaten belegen. Backpapier am oberen Rand und an den Seiten verschließen, sodass noch etwas Luft in den Päckchen ist. Für 15–20 Min. in den Backofen geben.
- Währenddessen Basilikum waschen, abschütteln und Blätter abzupfen. Lachspakete aus dem Backofen nehmen, vorsichtig öffnen und auf Tellern platzieren.
- Vor dem Servieren mit frischen Basilikumblättern garnieren und frischen schwarzen Pfeffer darübermahlen.

Das passt dazu Dazu schmecken Salz- oder Rosmarinkartoffeln aus dem Backofen.

Nährwerte pro Portion
460 kcal • 38 g E • 29 g F • 8 g KH • 4 g B

» Mediterrane Lachspäckchen

Frühlingslieblinge

Zweierlei Spargel mit Kabeljaufilet in Thymianbutter

Für 4 Portionen • hoher Eiweißanteil
30 Min. + 20 Min. Garzeit

1 kg Kartoffeln, festkochend • 800 g weißer Spargel • 800 g grüner Spargel • 1 TL Zucker • Salz • 1 Scheibe einer Biozitrone • 4 Kabeljaufilets, je ca. 200 g • 3 Zweige Thymian • 2 Stängel Petersilie • 4 EL Butter • schwarzer Pfeffer

- Kartoffeln, schälen, waschen und in kochendem Salzwasser etwa 20 Min. garen.

- In der Zwischenzeit weißen Spargel schälen und zusammen mit grünem Spargel waschen, holzige Enden abschneiden. Wasser zusammen mit Zucker, Salz und Zitronenscheibe in einem großen Topf zum Kochen bringen. Zuerst die weißen Spargelstangen hinzufügen, kurz aufkochen und etwa 6 Min. bei geringer Hitze garen. Anschließend die grünen Spargelstangen hinzufügen und 6 Min. mitgaren.

- Kabeljaufilets waschen, abtupfen und salzen. Thymian und Petersilie waschen und abschütteln. Butter in einer Pfanne erhitzen, Thymianzweige hinzufügen und Kabeljau von jeder Seite etwa 4 Min. darin anbraten. Petersilie hacken.

- Kabeljau zusammen mit Kartoffeln und Spargel auf einem Teller anrichten, anschließend etwas Thymianbutter aus der Pfanne über die Kartoffel geben und mit gehackter Petersilie und frisch gemahlenem Pfeffer bestreuen.

Nährwerte pro Portion
475 kcal • 45 g E • 11 g F • 46 g KH • 13 g B

perfekt für die Gartenparty

Gegrillte Süßkartoffel-Lachsspieße

Für 4 Portionen • hoher Eiweißanteil
30 Min. + 20 Min. Garzeit

1 große Süßkartoffel • 2 mittelgroße Zucchini • 1 gelbe Paprika • 2 Lachsfilets • 1 Biolimette • 2 Knoblauchzehen • 2 Stängel Petersilie • 4 EL Olivenöl • 2 TL Senf, mittelscharf • Salz • schwarzer Pfeffer • ½ TL Honig • Holzspieße • 200 g griechischer Joghurt, 2 % Fett (z. B. von Fage Total)

- Kartoffel und Zucchini waschen, Kartoffel mit Schale halbieren, Stielansatz der Zucchini entfernen, Kartoffel und Zucchini in etwa 1 cm dünne Scheiben schneiden. Paprika halbieren, entkernen, in Würfel schneiden. Lachsfilet waschen, abtupfen und grob würfeln.

- Limette gründlich waschen, Schale abreiben und Saft auspressen. Knoblauch schälen und fein hacken. Petersilie waschen, abschütteln und ebenfalls hacken. Limettensaft und -schale, Knoblauch und Petersilie zusammen mit Olivenöl und Senf zu einer Marinade vermengen, mit Salz, Pfeffer und Honig abschmecken.

- Abwechselnd Gemüse und Lachs aufspießen und mit der Marinade bestreichen.

- Auf dem heißen Grill von allen Seiten etwa 2 Min. grillen und mit einem Klecks griechischem Joghurt als Dip servieren.

Tipp Die Spieße schmecken auch aus der Bratpfanne köstlich.

Nährwerte pro Portion
445 kcal • 29 g E • 24 g F • 26 g KH • 6 g B

reich an Eiweiß und ungesättigten Fettsäuren

Forellenfilets mit Kräuter-Nuss-Kruste

Für 4 Portionen • hoher Eiweißanteil
45 Min. + 10 Min. Garzeit

4 Forellenfilets mit Haut • 3 EL Olivenöl • Salz • schwarzer Pfeffer • 20 g Pinienkerne • 30 g Kürbiskerne • ½ Biozitrone • ½ Bund Petersilie • ½ Bund Thymian, frisch • 1 Knoblauchzehe • 5 EL Semmelbrösel • 1 EL Kürbiskernöl

- Backofen auf 220 °C Ober- und Unterhitze vorheizen.
- Forellenfilets waschen und abtupfen. 2 EL Olivenöl in einer Pfanne erhitzen und Filets bei mittlerer Hitze von beiden Seiten 15–20 Sek. anbraten, herausnehmen und mit Salz und Pfeffer würzen.
- Pinien- und Kürbiskerne in einer zweiten Pfanne ohne Fett anrösten, währenddessen Zitrone auspressen. Geröstete Kerne aus der Pfanne nehmen, zur Seite stellen und abkühlen lassen, anschließend grob hacken.
- Kräuter waschen, abschütteln und fein hacken. Knoblauch schälen, fein hacken und zusammen mit Kernen, Kräutern, 1 EL Olivenöl und 2 EL Zitronensaft mischen und mit Salz und Pfeffer abschmecken.
- Kräuter-Nusspaste auf den Forellenfilets verteilen und etwa10 Min. im Backofen garen.
- Vor dem Servieren mit etwas Kürbiskernöl beträufeln.

Das passt dazu Salzkartoffeln oder Wurzelgemüse aus dem Ofen

Nährwerte pro Portion
435 kcal • 32 g E • 27 g F • 15 g KH • 3 g B

Köstlichkeiten gut verpackt

Pangasius im Pergament

Für 4 Portionen • hoher Eiweißanteil
45 Min. + 20 Min. Garzeit

300 g Kartoffeln, festkochend • 2 Karotten • 2 Pastinaken • 4 EL Olivenöl • 1 kleine Zucchini • 2 EL Rosmarin, getrocknet • 1 EL Thymian • 1 EL Oregano, getrocknet • 2 Knoblauchzehen • 2 kleine Schalotten • 4 Pangasiusfilet • 4 Stück Backpapier • Salz • schwarzer Pfeffer • 1 Biozitrone

- Backofen auf 175 °C Ober- und Unterhitze vorheizen.
- Gemüse waschen und Kartoffeln mit Schale in kleine Würfel schneiden. Olivenöl in einer Pfanne erhitzen und Kartoffeln darin knusprig anbraten.
- Währenddessen Zucchini würfeln, Karotten und Pastinaken schälen, halbieren und in Scheiben schneiden. Gemüse, Rosmarin, Thymian und Oregano zu den Kartoffeln in die Pfanne geben und etwa 10 Min. bei mittlerer Hitze mitbraten. Knoblauch und Schalotten schälen, anschließend fein hacken.
- In der Zwischenzeit Pangasiusfilets waschen, abtupfen und jeweils ein Filet auf ein Stück Backpapier legen. Mit Knoblauch und Schalotten belegen und mit Salz und Pfeffer würzen. Anschließend das Gemüse auf dem Fisch verteilen. Backpapier am oberen Rand und an den Seiten verschließen, sodass noch etwas Luft in den Päckchen ist. 15–20 Min. im Backofen garen.
- Päckchen aus dem Backofen nehmen und auf Tellern jeweils zusammen mit einem Viertel Zitrone servieren.

Nährwerte pro Portion
360 kcal • 26 g E • 11 g F • 34 g KH • 8 g B

gelingt leicht

Feines Kabeljaufilet mit Spinat

Für 4 Portionen • hoher Eiweißanteil
⏲ 20 Min. + 30 Min. Garzeit

500 g Spinat, TK • 4 Kabeljaufilets • 3 EL Zitronensaft • 4 große Tomaten • 1 große Zwiebel • 2 EL Olivenöl • 150 ml Wasser • Salz • schwarzer Pfeffer • Muskatnuss, frisch gerieben • 50 g Mozzarella, gerieben • 2 EL Mandeln, gehobelt

- Spinat auftauen lassen.

- Backofen auf 200 °C Ober- und Unterhitze vorheizen.

- Kabeljaufilets waschen und abtupfen, anschließend mit Zitronensaft beträufeln. Tomaten waschen und in dünne Scheiben schneiden.

- Zwiebel schälen und fein würfeln, anschließend in einem Topf mit erhitztem Olivenöl glasig andünsten, Spinat und Wasser dazugeben und kurz aufkochen. Mit Salz, Pfeffer und Muskat würzen.

- Spinat in eine Auflaufform geben, Kabeljau und Tomaten darauf in Reihen verteilen und mit etwas Salz und Pfeffer würzen. Auflaufform mit Alufolie abdecken und alles etwa 20 Min. im Backofen garen. Folie entfernen, Auflauf mit Käse und Mandeln bestreuen und nochmals 5–10 Min. im Backofen garen, bis Käse und Mandeln goldgelb sind.

Das passt dazu Salzkartoffeln schmecken gut dazu.

Nährwerte pro Portion
295 kcal • 37 g E • 12 g F • 8 g KH • 6 g B

Urlaub in der eigenen Küche

Lachs in rotem Curry

Für 4 Portionen • hoher Eiweißanteil
⏲ 30 Min. + 15 Min. Garzeit

2 EL Kokosöl • 4 EL rote Currypaste • 500 ml Kokosmilch • 2 EL Fischsoße • 2 EL Palmzucker oder brauner Zucker • 2 kleine rote Chili • 5 cm Ingwer, etwa daumendick • 4 Stängel Thai-Basilikum • 4 Lachsfilets • schwarzer Pfeffer

- Kokosöl in einem Wok erhitzen und Currypaste darin anbraten, bis sie köstlich duftet. Kokosmilch, Fischsoße und Zucker hinzufügen und kurz aufkochen lassen. Bei mittlerer Hitze 3–4 Min. köcheln lassen.

- In der Zwischenzeit Chili und Ingwer waschen, Ingwer schälen und beides in feine Streifen schneiden. Thai-Basilikum waschen und abschütteln.

- Lachsstücke in das Curry einlegen, mit Soße bedecken und bei geringer Hitze bis zum gewünschten Gargrad garen. Chili und Ingwer in die Soße geben und kurz mitgaren.

- Lachs und Currysoße auf einem Teller anrichten, mit Pfeffer würzen und mit Thai-Basilikum garnieren.

Das passt dazu Thai-Duftreis oder Jasminreis

Nährwerte pro Portion
575 kcal, 33 g E, 45 g F, 8 g KH, 3 g B

» Lachs in rotem Curry

Eiweiß- und Ballaststofflieferant

Warmer Linsensalat mit Alaskaseelachs

Für 4 Portionen • hoher Eiweißanteil

⏲ 30 Min. + 35 Min. Garzeit

- 450 g Belugalinsen
- 800 ml Gemüsebrühe
- 2 Schalotten
- 4 mittelgroße Karotten
- 300 g Cherrytomaten
- 4 Alaskaseelachs-Filets
- 5 EL Olivenöl
- Salz
- schwarzer Pfeffer
- 3 EL Zitronensaft
- 150 g Pflücksalat
- 4 Stängel Petersilie
- 2 EL Balsamico, weiß

● Belugalinsen in einem Sieb kalt abspülen und etwa 25 Min. in der Gemüsebrühe kochen.

● In der Zwischenzeit Schalotten schälen und in feine Würfel schneiden. Karotten schälen, waschen und mit einer Küchenreibe grob raspeln, Tomaten waschen und halbieren. Seelachsfilets abspülen und abtupfen.

● 3 EL Olivenöl in einer Pfanne erhitzen und Seelachsfilets von jeder Seite etwa 5 Min. anbraten, mit Salz und Pfeffer würzen, aus der Pfanne nehmen, mit Zitronensaft beträufeln und warm halten.

● Karottenraspel, Schalotten und Tomaten im Bratfett etwa 4 Min. anrösten. Währenddessen Salat waschen und trocken schleudern. Petersilie waschen, abschütteln und fein hacken.

● 2 EL Olivenöl, Balsamico, Salz und Pfeffer zu einem Dressing verrühren.

● Linsen zusammen mit Karotten, Schalotten, Tomaten, Salat und Petersilie in einer großen Schüssel mischen, Dressing unterheben und mit Salz und Pfeffer abschmecken.

● Linsensalat noch warm mit Alaskaseelachs auf einem Teller anrichten und sofort servieren.

Nährwerte pro Portion

620 kcal • 58 g E • 13 g F • 57 g KH • 24 g B

sommerlich frisch

Gemüsepasta mit Seehecht

Für 4 Portionen • hoher Eiweißanteil
30 Min. + 20 Min. Garzeit

- 250 g Vollkornspaghetti
- 4 mittelgroße Karotten
- 2 kleine Zucchini
- 200 g Cherrytomaten
- 2 Stangen Staudensellerie
- 3 Knoblauchzehen
- 1 Biozitrone
- 500 g Seehechtfilet
- Salz
- 6 EL Olivenöl
- 4 Frühlingszwiebeln
- 2 TL Thymian, getrocknet
- rosa Pfefferbeeren

● Nudeln nach Packungsanweisung bissfest garen.

● In der Zwischenzeit Karotten und Zucchini waschen, Stielansätze entfernen und mit einem Sparschäler breite Streifen abziehen. Tomaten waschen und halbieren. Staudensellerie waschen, putzen und in Scheiben schneiden. Knoblauch schälen und hacken. Zitrone gründlich waschen, Saft auspressen und etwa die Hälfte der Schale fein abreiben.

● Seehechtfilet waschen, abtupfen, in grobe Würfel schneiden und leicht salzen. 2 EL Olivenöl in einer Pfanne erhitzen, Fischfilet von allen Seiten anbraten, herausnehmen und beiseitestellen.

● Frühlingszwiebeln waschen, abschütteln und in Ringe schneiden. Grün und Weiß trennen. 4 El Olivenöl zum Bratfett in die Pfanne geben, Gemüsestreifen, Sellerie und Weiß der Frühlingszwiebeln kurz anrösten, Knoblauch und Tomaten hinzufügen und kurz mitbraten. Fisch und Thymian in die Pfanne geben und mit Zitronensaft, Salz und rosa Pfefferbeeren würzen.

● Nudeln abgießen, in einem Sieb abtropfen lassen, zu Fisch und Gemüse in die Pfanne geben und vorsichtig unterheben.

● Vor dem Servieren mit Zitronenschale und Zwiebelgrün garnieren.

Nährwerte pro Portion
535 kcal • 34 g E • 16 g F • 57 g KH • 11 g B

schnell gemacht

Paprikaschiffchen mit Thunfisch

Für 4 Portionen • hoher Eiweißanteil
20 Min. + 10 Min. Garzeit

4 große rote Paprika • 4 Eier • 2 Dosen Thunfisch, natur • 100 g Silberzwiebeln aus dem Glas • 2 Stängel Petersilie • 3 TL Kapern aus dem Glas • 200 g griechischer Joghurt, 2 % Fett (z. B. von Fage Total) • 100 g Frischkäse • 1 TL Dijon-Senf • Salz • schwarzer Pfeffer

- Paprika waschen, halbieren und Kerngehäuse entfernen.

- Wasser in einem Topf zum Kochen bringen und Eier darin hart kochen. Eier kalt abschrecken, Schale abpellen und Eier klein schneiden. Silberzwiebeln vierteln. Petersilie waschen, abschütteln und Blätter abzupfen.

- In einer großen Schüssel Thunfisch, Eier, Silberzwiebeln, Kapern, Joghurt, Frischkäse und Senf zu einer homogenen Masse vermischen und mit Salz und Pfeffer abschmecken.

- Thunfischcreme in die Paprikahälften füllen und mit frischer Petersilie garnieren.

Nährwerte pro Portion
290 kcal • 34 g E • 10 g F • 13 g KH • 4 g B

wertvolle ungesättigte Fettsäuren

Thunfisch-frikadellen

Für 5 Frikadellen • mäßiger Eiweißanteil
20 Min. + 10 Min. Garzeit

1 Frühlingszwiebel • 300 g Thunfisch, natur • 3 EL Haferflocken, zart • 1 Ei • ½ TL Sambal Oelek • Salz • 1 EL Olivenöl • 250 g Magerquark • 3 EL 8-Kräuter-Mischung, TK • 1 EL Leinöl • schwarzer Pfeffer

- Frühlingszwiebel waschen und in feine Ringe schneiden. Thunfisch in einem Sieb abtropfen lassen.

- In einer Schüssel Frühlingszwiebeln, Thunfisch, Haferflocken, Ei, Sambal Oelek und Salz zu einer glatten Masse vermengen.

- Olivenöl in einer Pfanne erhitzen, aus der Masse mit den Händen etwa 5 Frikadellen formen und von beiden Seiten goldbraun anbraten.

- In der Zwischenzeit Magerquark mit Kräutern und Leinöl mischen, anschließend mit Salz und Pfeffer abschmecken. • Thunfischfrikadellen zusammen mit einem Klecks Kräuterquark servieren.

Nährwerte pro Portion
220 kcal • 23 g E • 9 g F • 9 g KH • 2 g B

gelingt leicht

Kabeljau auf Paprikagemüse

Für 4 Portionen • hoher Eiweißanteil
30 Min. + 15 Min. Garzeit

2 rote Paprika • 2 gelbe Paprika • 2 große Süßkartoffeln • 250 g Babyspinat • 4 Kabeljaufilets • 6 EL Olivenöl • Salz • schwarzer Pfeffer

- Gemüse gründlich waschen. Paprika halbieren, Kerngehäuse entfernen und in Rauten schneiden. Süßkartoffel mit Schale in kleine Würfel schneiden. Babyspinat verlesen.

- Kabeljaufilets waschen und abtupfen. In einer Pfanne 2 EL Olivenöl erhitzen. Kabeljaufilets von allen Seiten etwa 4 Min. anbraten, mit Salz und Pfeffer würzen, aus der Pfanne nehmen und warm halten.

- Paprika und Süßkartoffel zusammen mit 4 EL Olivenöl in die Pfanne geben und 6–8 Min. anbraten. Spinat hinzufügen und bei geringer Hitze etwa 2 Min. in der Pfanne mitbraten, mit Salz und Pfeffer abschmecken. Gemüse zusammen mit Kabeljau auf einem Teller anrichten.

Nährwerte pro Portion
445 kcal • 36 g E • 16 g F • 35 g KH • 9 g B

» Kabeljau auf Paprikagemüse

gelingt leicht

Bunter Zander-Gemüse-Eintopf

Für 4 Portionen • hoher Eiweißanteil

30 Min. + 25 Min. Garzeit

- 400 g Kartoffeln, Drillinge
- 3 große Karotten
- 1 große Zwiebel
- 2 Knoblauchzehen
- 1 große Fenchelknolle
- 2 kleine Pastinaken
- 4 TL Olivenöl
- 200 ml Weißwein, trocken
- 400 ml Gemüsebrühe
- 200 ml Schlagsahne
- 2 EL Dinkelmehl Type 630
- 400 g Zanderfilet
- 12 Garnelen (ohne Kopf und Schale)
- Salz
- schwarzer Pfeffer
- Muskatnuss, frisch gerieben
- 4 Stängel Petersilie

- Kartoffeln gründlich waschen und unschöne Stellen herausschneiden, anschließend in etwa 1 cm große Würfel schneiden. Karotten, Zwiebel und Knoblauch schälen. Karotten in Scheiben schneiden, Zwiebel und Knoblauch hacken. Fenchel putzen und in kleine Stücke schneiden. Pastinake schälen und fein würfeln.

- Olivenöl in einem großen Topf erhitzen, Kartoffeln bei mittlerer Hitze etwa 5 Min. anbraten. Karotten, Fenchel, Pastinake, Zwiebel und Knoblauch hinzufügen und kurz mitdünsten. Mit Wein und Gemüsebrühe ablöschen, kurz aufkochen und bei mittlerer Hitze etwa 10 Min. köcheln lassen. Sahne mit Mehl glatt rühren, zu der kochenden Suppe in den Topf geben und gut unterrühren.

- Zanderfilet und Garnelen kalt abspülen und abtupfen. Filet in etwa 3 cm große Würfel schneiden und zusammen mit den Garnelen zum Gemüse in den Topf geben. Zugedeckt etwa 5 Min. ziehen lassen. Mit Salz, Pfeffer und etwas Muskatnuss abschmecken.

- Petersilie waschen, abschütteln und fein hacken.

- Vor dem Servieren mit Petersilie verfeinern.

Das passt dazu Frisch geröstetes Dinkel- oder Roggenbrot, das mit Olivenöl beträufelt ist.

Nährwerte pro Portion

655 kcal • 32 g E • 27 g F • 52 g KH • 16 g B

bunt gemischt

Gemüsepfanne mit Hackfleisch

Für 4 Portionen • hoher Eiweißanteil
30 Min. + 10 Min. Garzeit

1 grüne Paprika • 1 gelbe Paprika • 1 rote Paprika • 2 große Zwiebeln • 2 Knoblauchzehen • 5 große Karotten • 150 g Champignons • 300 g Cherrytomaten • 2 Frühlingszwiebeln • 4 EL Olivenöl • 400 g Rinderhackfleisch • 150 ml Gemüsebrühe • 2 TL Oregano, getrocknet • 2 TL Thymian, getrocknet • Salz • schwarzer Pfeffer

- Gemüse waschen, Paprika halbieren und Kerngehäuse entfernen, anschließend Paprika in Streifen schneiden. Zwiebeln und Knoblauch schälen und fein hacken. Karotten schälen, waschen und in 1 cm dicke Scheiben schneiden. Champignons putzen und ebenfalls in Scheiben schneiden. Cherrytomaten halbieren. Frühlingszwiebeln waschen, abschütteln und in feine Ringe schneiden.

- Olivenöl in einer Pfanne erhitzen, Zwiebeln und Hackfleisch hinzufügen und etwa 4 Min. krümelig anbraten. Rest des Gemüses hinzugeben und kurz mitbraten. Mit Gemüsebrühe ablöschen und bei geringer Hitze etwa 5 Min. köcheln lassen, bis die Flüssigkeit verdampft ist.

- Oregano und Thymian hinzufügen, mit Salz und Pfeffer abschmecken und vor dem Servieren mit Frühlingszwiebeln garnieren.

Nährwerte pro Portion
340 kcal • 30 g E • 14 g F • 20 g KH • 10 g B

Italien nach Hause holen

Sizilianisches Putensteak

Für 4 Portionen • eiweißreich
20 Min. + 10 Min. Garzeit

2 gelbe Paprika • 400 g Cherrytomaten • 2 Schalotten • 4 Putensteaks • schwarzer Pfeffer • ½ TL Paprikapulver, edelsüß • 4 EL Olivenöl • 500 ml Milch 1,5 % Fett • 500 ml Wasser • Salz • 40 g Parmesan, frisch gerieben • 250 g Polenta • 12 Salbeiblätter, frisch • 2 EL Balsamico, dunkel

- Gemüse waschen, Paprika halbieren, Kerngehäuse entfernen, Paprika grob würfeln. Tomaten halbieren. Schalotten schälen und in Streifen schneiden.

- Putensteaks waschen, abtupfen und mit Pfeffer und Paprikapulver würzen.

- 2 EL Olivenöl in einer Pfanne erhitzen und Steaks von beiden Seiten ca. 5 Min. braten, herausnehmen und kurz zur Seite stellen.

- Schalotten und Paprika in diese Pfanne geben und mit weiteren 2 EL Olivenöl andünsten. Tomaten hinzufügen und Gemüse etwa 5 Min. zugedeckt in der Pfanne schmoren.

- Inzwischen Milch und Wasser in einem Topf aufkochen, mit etwas Salz und Pfeffer würzen. Parmesan mit Polenta in den Topf einrühren und quellen lassen.

- Salbei waschen, in feine Streifen schneiden, zusammen mit den Steaks zum Gemüse in die Pfanne geben und kurz erhitzen. Mit Salz, Pfeffer und Balsamico abschmecken und zusammen mit Polenta servieren.

Nährwerte pro Portion
540 kcal • 36 g E • 32 g F • 25 g KH • 4 g B

zartes Fleisch in köstlicher Soße

Pulled Pork

Für 4 Portionen • hoher Eiweißanteil

40 Min. + 3 Std. Garzeit

4 EL Olivenöl • 1 kg Schweineschulter ohne Knochen und Schwarte, am Stück • 4 Knoblauchzehen • 250 ml passierte Tomaten • 250 ml Rinderfond • 250 ml Wasser • 250 ml Apfelsaft • 4 EL Ahornsirup • 3 TL geräuchertes Paprikapulver • ½ TL Chiliflocken, getrocknet • 4 Semmeln

- Backofen auf 180 °C Ober- und Unterhitze vorheizen. Olivenöl in einem großen Bräter bei hoher Temperatur erhitzen. Schweineschulter von jeder Seite etwa 5 Min. scharf anbraten. Knoblauch schälen, in Scheiben schneiden.

- Tomaten, Rinderfond, Wasser, Apfelsaft, Ahornsirup, Knoblauch, Paprikapulver und Chiliflocken in den Bräter geben, zum Köcheln bringen. Bräter mit Deckel verschließen, das Fleisch 1½ Std. im Backofen schmoren.

- Fleisch wenden, zugedeckt weitere 1½ Std. weich schmoren.

- Fleisch aus der Soße nehmen, mit 2 Gabeln in kleine Stücke zupfen. Fettstücke wegwerfen. Fleischstücke zurück in die Soße geben und 5 Min. ziehen lassen.

- Fleischstücke auf einer frischen Semmel genießen.

Nährwerte pro Portion

710 kcal • 54 g E • 29 g F • 55 g KH • 4 g B

leckere Spieße

Hähnchenschaschlik

Für 4 Portionen • hoher Eiweißanteil

20 Min. + 10 Min. Garzeit

2 Hähnchenbrustfilets • 1 rote Paprika • 1 grüne Paprika • 2 mittelgroße Karotten • 2 mittelgroße Zwiebeln • Holzspieße • Salz • schwarzer Pfeffer • 2 EL Olivenöl •

- Hähnchenbrust waschen, abtupfen und in mundgerechte Würfel schneiden.

- Paprika waschen, halbieren und Kerngehäuse entfernen, anschließend Paprika in Würfel schneiden. Karotten schälen, waschen und schräg in etwa 1 cm dicke Scheiben schneiden. Zwiebeln schälen und der Länge nach achteln.

- Nacheinander Fleisch, Paprika, Karotte und Zwiebel aufspießen und mit Salz und Pfeffer würzen.

- Olivenöl in einer Pfanne erhitzen und Spieße darin 8–10 Min. braten, bis das Hähnchenfleisch gar ist.

Tipp Dazu passen Reis, Couscous oder die Honig-Senf-Röstkartoffeln (Seite 88).

Nährwerte pro Portion

230 kcal • 29 g E • 9 g F • 8 g KH • 4 g B

leichter Genuss

Putenroulade mit Spinat-Feta-Füllung

Für 4 Portionen • hoher Eiweißanteil
35 Min. + 40 Min. Garzeit

- 500 g Kartoffeln, Drillinge
- 5 EL Olivenöl
- 1 TL Rosmarin, getrocknet
- Salz
- 4 Putenschnitzel
- schwarzer Pfeffer
- 250 g Blattspinat
- 1 große Zwiebel
- 1 Knoblauchzehe
- 1 TL Zitronensaft
- 50 g Feta
- 600 ml Gemüsebrühe

● Backofen auf 200 °C Ober- und Unterhitze vorheizen.

● Kartoffeln gründlich waschen und mit Schale halbieren. Zusammen mit 1 EL Olivenöl, Rosmarin und Salz in eine große Schüssel geben und alle Zutaten gut vermischen. Kartoffeln anschließend auf einem mit Backpapier ausgelegten Backblech verteilen und 20–25 Min. backen, bis sie gar sind.

● Währenddessen Putenschnitzel waschen, abtupfen und evtl. mit einem Fleischhammer dünn klopfen. Auf einer Seite mit Salz und Pfeffer würzen.

● Blattspinat waschen, verlesen und grob hacken. Zwiebel und Knoblauch schälen, anschließend in feine Würfel schneiden.

● 2 EL Olivenöl in einer Pfanne erhitzen und Zwiebel glasig andünsten. Spinat und Knoblauch hinzufügen und etwa 3 Min. unter ständigem Rühren anbraten. Mit Salz, Pfeffer und Zitronensaft würzen, zur Seite stellen und Feta darüberbröckeln.

● Spinatmischung gleichmäßig auf der gewürzten Seite der Putenschnitzel verteilen, Fleisch eng zusammenrollen und mit Holzspießen feststecken.

● 2 EL Olivenöl in einer Pfanne erhitzen und Putenrouladen von allen Seiten goldbraun anbraten, Gemüsebrühe dazugießen und zugedeckt bei mittlerer Hitze 20–25 Min. garen.

● Fleisch aus der Pfanne nehmen und warm stellen, Soße mit Salz und Pfeffer abschmecken.

● Putenrouladen zusammen mit Rosmarinkartoffeln und Soße auf einem Teller anrichten.

Tipp Die Putenroulade schmeckt mit Reis oder Couscous ebenso köstlich.

Nährwerte pro Portion
410 kcal • 29 g E • 22 g F • 23 g KH • 4 g B

schnell gemacht

Rindfleisch-Bohnen-Eintopf

Für 4 Portionen • hoher Eiweißanteil
10 Min. + 15 Min. Garzeit

1 rote Zwiebel • 2 Knoblauchzehen • 3 EL Olivenöl • 500 g Rindergulasch • 800 ml Gemüsebrühe • 1 Dose Tomaten, gestückelt • 250 g grüne Bohnen, TK • 400 g weiße Bohnen, Dose oder Glas • 4 EL Tomatenmark • 2 EL Thymian, getrocknet • 1 TL Paprikapulver, edelsüß • 2 Stängel Petersilie • Salz • schwarzer Pfeffer

- Zwiebel und Knoblauch schälen, Zwiebel in feine Streifen schneiden, Knoblauch fein hacken.

- Olivenöl in einer großen Pfanne erhitzen, Zwiebeln und Knoblauch glasig andünsten, Rindfleisch hinzufügen und scharf von allen Seiten anbraten. Mit Gemüsebrühe und Tomaten ablöschen, grüne Bohnen gefroren dazugeben und aufkochen lassen.

- Weiße Bohnen, Tomatenmark, Thymian und Paprikapulver hinzufügen und etwa 5 Min. bei schwacher Hitze köcheln lassen. Währenddessen Petersilie waschen, abschütteln und fein hacken.

- Mit Salz und Pfeffer abschmecken und vor dem Servieren mit Petersilie verfeinern.

Nährwerte pro Portion
405 kcal • 45 g E • 13 g F • 21 g KH • 10 g B

herbstlich fein

Kartoffel-Kürbis-Pfanne mit Putenbrust

Für 4 Portionen • hoher Eiweißanteil
40 Min. + 20 Min. Garzeit

800 g Kartoffeln, Drillinge • 2 rote Zwiebeln • 1 kleiner Hokkaidokürbis • 100 g helle, kernlose Weintrauben • 4 Putenbrustfilets • Salz • schwarzer Pfeffer • ½ TL Paprikapulver, edelsüß • 4 EL Olivenöl • 3 Knoblauchzehen • 4 Lorbeerblätter • 4 Thymianzweige, frisch • 200 ml Weißwein, trocken • 400 ml Gemüsebrühe

- Backofen auf 200 °C Ober- und Unterhitze vorheizen. Kartoffeln waschen, mit Schale vierteln. Zwiebeln schälen, in Streifen schneiden. Kürbis waschen, halbieren, Kerne gründlich auskratzen und Kürbis in 2–3 cm dicke Spalten schneiden. Trauben waschen und halbieren.

- Putenbrust waschen, abtupfen, mit Salz, Pfeffer und Paprikapulver würzen und anschließend in einer Pfanne mit 2 EL Olivenöl von beiden Seiten anbraten, herausnehmen und kurz beiseitestellen.

- Zwiebeln, ganze ungeschälte Knoblauchzehen, Lorbeerblätter, Thymianzweige und Kartoffeln in dieser Pfanne mit weiteren 2 EL Olivenöl kurz anbraten. Kürbis hinzufügen und etwa 3 Min. mitrösten. Mit Salz und Pfeffer würzen und anschließend mit Weißwein ablöschen.

- Gemüse und Putenbrust in eine Auflaufform geben, Brühe dazugießen und im Backofen etwa 10 Min. garen, halbierte Weintrauben hinzufügen und weitere 10–15 Min. garen. Vor dem Servieren Knoblauch und Lorbeerblätter entfernen.

Nährwerte pro Portion
530 kcal • 30 g E • 20 g F • 45 g KH • 7 g B

Frische auf dem Teller

Zitronenhähnchen mit Brokkoli

Für 4 Portionen • hoher Eiweißanteil
40 Min. + 15 Min. Garzeit

- 500 g Hähnchenbrustfilet
- 3 EL Dinkelmehl Type 630
- 1 EL Hähnchengewürz oder Paprikapulver, rosenscharf
- 1 Brokkoli
- 1 gelbe Paprika
- ½ Biozitrone
- 2 Knoblauchzehen
- 250 g Reis
- 4 EL Olivenöl
- 1 EL Oregano, getrocknet
- 400 ml Gemüsebrühe
- Salz
- schwarzer Pfeffer

● Hähnchenfilet waschen und abtupfen, anschließend in mundgerechte Würfel schneiden. Mehl und Hähnchengewürz in einer kleinen Schüssel mischen und Fleischwürfel darin wälzen. Rest der Gewürz-Mehl-Mischung aufbewahren.

● Gemüse waschen, Brokkoli putzen und in Röschen schneiden. Paprika halbieren, Kerngehäuse entfernen, Paprika in Streifen schneiden.

● Zitrone gründlich waschen, etwa 1 TL Schale abreiben, Saft auspressen. Knoblauch schälen und fein hacken.

● Reis nach Packungsanweisung in kochendem Salzwasser garen.

● In der Zwischenzeit Olivenöl in einer Pfanne erhitzen, Fleisch von allen Seiten gut anbraten. Anschließend herausnehmen und kurz beiseitestellen.

● Gemüse in dieser Pfanne kurz anbraten, Oregano und Knoblauch hinzufügen und mit 250 ml der Gemüsebrühe ablöschen. Gewürz-Mehl-Mischung mit einem Schneebesen unter die verbliebenen 150 ml Gemüsebrühe rühren und anschließend zum Gemüse in die Pfanne geben. Bei geringer Hitze 3–5 Min. köcheln lassen. Fleisch dazugeben, mit Salz, Pfeffer, Zitronensaft und -schale abschmecken.

● Zusammen mit Reis servieren.

Nährwerte pro Portion
590 kcal • 45 g E • 19 g F • 55 g KH • 7 g B

Der italienische Klassiker ganz anders

Süßkartoffellasagne mit Spinat und Ricotta

Für 4 Portionen • hoher Eiweißanteil
30 Min. + 40 Min. Garzeit

3 Knoblauchzehen • 2 EL Olivenöl • 600 g Rinderhackfleisch • 1 Glas Nudelsoße (z. B. Barilla® Basilico) • 1 TL Oregano, getrocknet • 1 TL Thymian, getrocknet • 300 g Ricotta • 1 Ei • schwarzer Pfeffer • 500 g Süßkartoffel • 150 g Spinat, frisch • 200 g Mozzarella, gerieben

- Backofen auf 200 °C Ober- und Unterhitze vorheizen.

- Knoblauch schälen, fein hacken und in einer Pfanne mit erhitztem Olivenöl etwa 2 Min. rösten. Hackfleisch hinzufügen und bei hoher Hitze krümelig anbraten. Nudelsoße, Oregano und Thymian dazugeben und bei mittlerer Hitze köcheln lassen.

- Währenddessen Ricotta und Ei in einer kleinen Schüssel verrühren und mit Pfeffer würzen.

- Süßkartoffeln waschen und samt Schale in etwa 0,5 cm dicke Scheiben schneiden. Spinat waschen und verlesen.

- In eine große Auflaufform nun abwechselnd Süßkartoffeln, Fleisch und Ricotta schichten, bis die Zutaten verbraucht sind. Spinat über die Lasagne verteilen und als letzte Schicht Mozzarella auf den Spinat geben. Auflaufform für 30–45 Min.in den Backofen geben, bis der Käse goldgelb geschmolzen ist.

Tipp Die Lasagne lässt sich hervorragend vorbereiten und schmeckt auch am nächsten Tag noch wunderbar.

Nährwerte pro Portion
770 kcal • 60 g E • 43 g F • 31 g KH • 6 g B

Eiweißreich und sehr gesund

Linseneintopf mit zarter Hähnchenbrust

Für 4 Portionen • hoher Eiweißanteil
35 Min. + 30 Min. Garzeit

400 g Hähnchenbrust • 500 g rote Linsen • 4 große Karotten • 1 Stange Lauch • ½ Sellerieknolle • 2 große Zwiebeln • 2 Stängel Petersilie • 4 EL Olivenöl • 1,5 l Gemüsebrühe • Salz • schwarzer Pfeffer

- Backofen auf 160 °C Ober- und Unterhitze vorheizen.

- Hähnchenbrust waschen, abtupfen und 20–25 Min. im Backofen garen.

- In der Zwischenzeit Linsen gründlich waschen und in einem Sieb abtropfen lassen. Gemüse waschen, Karotten und Sellerie schälen, anschließend Karotten in Scheiben, Sellerie in Würfel schneiden. Lauch putzen und in Ringe schneiden. Zwiebeln schälen und in Streifen schneiden. Petersilie waschen, abschütteln und fein hacken.

- In einem großen Topf Olivenöl erhitzen, Linsen hinzufügen und etwa 4 Min. bei mittlerer Hitze im Öl garen, mit Brühe ablöschen und zum Kochen bringen. Nach etwa 10 Min. Gemüse hinzufügen und bei mittlerer Hitze zugedeckt ca. 15 Min. köcheln lassen.

- Hähnchenbrust aus dem Ofen holen, mit 2 Gabeln in grobe Stücke reißen und zur Suppe in den Topf geben. Mit Salz und Pfeffer abschmecken und 5 Min. ziehen lassen. Vor dem Servieren mit Petersilie verfeinern.

Nährwerte pro Portion
725 kcal • 60 g E • 17 g F • 70 g KH • 25 g B

» Linseneintopf mit zarter Hähnchenbrust

würzig fein

Steakstreifen in Thymiansoße und Kartoffelstampf

Für 4 Portionen • mäßiger Eiweißanteil
40 Min. + 30 Min. Garzeit

- 500 kg Kartoffeln, mehligkochend
- 250 g Rindersteak
- 1 EL Dinkelmehl Type 630
- Salz
- schwarzer Pfeffer
- 2 große Schalotten
- 1 Knoblauchzehe
- 2 EL Olivenöl
- 2 EL Butter
- 1 Prise Zucker
- 2 EL Thymian, getrocknet
- 1 EL Balsamico, dunkel
- 150 ml Rinderfond
- 400 g grüne Bohnen, TK
- 1 TL Senf, mittelscharf
- 100 ml Milch 1,5 % Fett

● Kartoffeln schälen, waschen und in Würfel schneiden. Anschließend Kartoffelwürfel in einem großen Topf mit Salzwasser in 15–20 Min. weich garen.

● In der Zwischenzeit Rindersteak in etwa 2 cm breite Streifen schneiden, anschließend in Mehl wälzen und mit Salz und Pfeffer würzen.

● Schalotten und Knoblauch schälen, Schalotten in dünne Streifen schneiden, Knoblauch fein hacken.

● 1 EL Olivenöl und ½ EL Butter in einer Pfanne erhitzen, Steakstreifen etwa 2 Min. rundherum scharf anbraten, aus der Pfanne nehmen und beiseitestellen.

● Nochmals 1 EL Olivenöl und ½ EL Butter in der Pfanne erhitzen, Zwiebeln und Knoblauch zusammen mit Zucker glasig andünsten. Thymian und Balsamico hinzufügen, kurz aufkochen lassen und mit Rinderfond ablöschen. Mit Salz und Pfeffer abschmecken und 5 Min. bei schwacher Hitze köcheln lassen. Steakstreifen hinzufügen, Hitze reduzieren und Soße warm halten.

● In der Zwischenzeit Bohnen unaufgetaut in 100 ml kochendem Wasser 4–5 Min. garen, vom Herd nehmen und ohne Hitze im Topf ziehen lassen.

● Kartoffelwürfel in einem Sieb abtropfen lassen und mit einem Kartoffelstampfer fein zerkleinern, 1 EL Butter, Senf und Milch hinzufügen, gut vermischen und mit Salz und Pfeffer abschmecken.

● Kartoffelstampf auf Teller verteilen, mit Soße, Rinderstreifen und Bohnen anrichten.

Nährwerte pro Portion

305 kcal • 18 g E • 13 g F • 28 g KH • 4 g B

nicht nur für Gäste

Pilzrisotto mit Schweinefilet im Kräutermantel

Für 4 Portionen • hoher Eiweißanteil

40 Min. + 30 Min. Garzeit

- 2 Schalotten
- 300 g Champignons
- 1,2 l Gemüsebrühe
- 100 g Parmesan
- 2 Knoblauchzehen
- 1 Bund frische Kräuter nach Wahl
- 2 EL Olivenöl
- 300 g Risottoreis
- 150 ml Weißwein, trocken
- 600 g Schweinefilet am Stück
- 1 Stängel Petersilie
- Salz
- schwarzer Pfeffer

● Backofen auf 170 °C Ober- und Unterhitze vorheizen.

● Schalotten schälen und in feine Würfel schneiden. Champignons putzen und in Scheiben schneiden. Gemüsebrühe in einem Topf erhitzen, währenddessen Parmesan reiben. Knoblauch schälen und fein hacken. Kräuter außer Petersilie waschen, abschütteln und ebenfalls fein hacken.

● 1 EL Olivenöl in einem Topf erhitzen und Zwiebeln zusammen mit Champignons kurz anrösten. Risottoreis hinzufügen und etwa 1 Min. mit anbraten. Mit Weißwein ablöschen und bei mittlerer Hitze unter Rühren warten, bis die Flüssigkeit weniger wird. Mit einem Suppenschöpfer portionsweise heiße Suppe hinzufügen, sobald die Flüssigkeit verkocht ist.

● Schweinefilet in einer Pfanne mit 1 EL erhitztem Olivenöl von allen Seiten kurz anbraten. Alufolie doppelt auslegen und einen Teil der Kräuter und des Knoblauchs darauf verteilen, anschließend das Fleisch darauflegen, restliche Kräuter und Knoblauch auf dem Fleisch verteilen. Folie gut verschließen und für etwa 15 Min. in den Backofen geben.

● Petersilie waschen, abschütteln und fein hacken.

● Sobald der Reis im Risotto bissfest ist, Parmesan und Petersilie unterrühren und mit Salz und Pfeffer abschmecken.

● Schweinefilet aufschneiden und zusammen mit Pilzrisotto auf einem Teller anrichten.

Nährwerte pro Portion

640 kcal • 51 g E • 18 g F • 62 g KH • 2 g B

Süßes & Desserts

Es muss nicht immer Apfel sein

Zwetschgencrumble mit Vanille fraîche

Für 6 Portionen • geringer Eiweißanteil
25 Min. + 30 Min. Backzeit

700 g Zwetschgen • 150 g rote Beeren, TK • 2 Packung Vanillezucker • 150 g Dinkelmehl Type 630 • 100 g gemahlene Haselnüsse • 80 g Zucker • 2 EL Honig • 150 g Butter, kalt • 1 Prise Salz • ½ TL Zimt • 50 g Mandelstifte • 1 Becher Crème fraîche

- Backofen auf 180 °C Ober- und Unterhitze vorheizen.

- Zwetschgen waschen, entkernen und halbieren, anschließend zusammen mit den leicht angetauten Beeren in eine leicht gebutterte Auflaufform geben und 1 Päckchen Vanillezucker darüberstreuen.

- Mehl, Nüsse, Zucker, Honig, Butter, Salz und Zimt zu einem krümeligen Teig verarbeiten, anschließend über die Zwetschgen in groben Streuseln verteilen und 25–30 Min. im Backofen garen, bis die Streusel goldgelb gebacken sind.

- Mandelstifte in einer Pfanne ohne Öl leicht anrösten und anschließend abkühlen lassen.

- Währenddessen Crème fraîche mit 1 Päckchen Vanillezucker mit dem Handrührgerät aufschlagen. Zwetschgencrumble noch warm mit Mandelstiften garnieren und mit einem Schlag Vanille fraîche servieren.

Variante Der Crumble schmeckt mit allen möglichen Obstsorten.

Nährwerte pro Portion
705 kcal • 10 g E • 50 g F • 52 g KH • 6 g B

fruchtiger Seelenwärmer

Grießbrei mit Erdbeer-Basilikum-Kompott

Für 4 Portionen • mäßiger Eiweißanteil
25 Min. + 15 Min. Backzeit

1 Vanilleschote • 1,25 l Milch 1,5 % Fett • 1 Prise Salz • 150 g Weichweizengrieß • ½ Biolimette • 2 EL Honig • 600 g Erdbeeren, frisch • 3 Stängel Basilikum, frisch

- Mark aus der Vanilleschote herauskratzen und zusammen mit Milch und Salz zum Kochen bringen. Grieß einstreuen, kräftig umrühren und kurz aufkochen lassen. Anschließend von der Herdplatte ziehen und aufquellen lassen.

- Limette waschen, etwas Schale abreiben und Saft auspressen. Grießbrei mit 1 EL Limettensaft und 1 EL Honig abschmecken.

- Erdbeeren waschen, Strunk entfernen, Früchte vierteln. Basilikum waschen und abschütteln, anschließend Blätter abzupfen und fein hacken. Erdbeeren mit 1 EL Limettensaft, 1 EL Honig und etwas Wasser in einem Topf erhitzen, Basilikum und Limettenschale hinzufügen und bei schwacher Hitze ziehen lassen.

- Grießbrei auf einem tiefen Teller anrichten und mit Kompott servieren.

Variante Anstelle des Basilikums schmeckt frische Minze auch absolut köstlich.

Nährwerte pro Portion
325 kcal • 15 g E • 6 g F • 51 g KH • 5 g B

Milchreis für unterwegs
Birnen-Milchreis-Schnitten

Für etwa 20 Stück • geringer Eiweißanteil
15 Min. + 20 Min. Garzeit + 20 Min. Backzeit

500 ml Milch, 1,5 % Fett • Tonkabohne, frisch gerieben • 250 g Milchreis • 1 Birne • 1 TL Kokosöl • 1 TL Zimt

- Backofen auf 175 °C Ober- und Unterhitze vorheizen.
- Milch in einem Kochtopf erhitzen und mit etwas frisch geriebener Tonkabohne zum Kochen bringen.
- Milchreis einrühren und Hitze sofort auf die kleinste Stufe stellen. Milchreis unter gelegentlichem Rühren mit geschlossenem Deckel etwa 20 Min. köcheln lassen. Hitze abschalten und 10 Min. quellen lassen.
- Währenddessen Birne waschen, schälen und in kleine Würfel schneiden. In einer Pfanne Kokosöl erhitzen und Birnenwürfel etwa 5 Min. bei mittlerer Hitze anbraten. Birnenwürfel zusammen mit Zimt zum Milchreis geben und unterrühren.
- Milchreismasse auf einem mit Backpapier ausgelegtem Backblech verteilen, auf etwa 1 cm Höhe glatt streichen und auf mittlerer Schiene 15–20 Min. backen.
- Backblech aus dem Backofen holen und Schnitten noch warm in beliebige Größe schneiden.

Variante Die Milchreisschnitten schmecken auch mit Apfel, Pfirsich oder Beeren.

Nährwerte pro Stück
60 kcal • 2 g E • 1 g F • 12 g KH • 1 g B

sommerlich erfrischend
Pfirsichsorbet

Für 4 Portionen • geringer Eiweißanteil
25 Min. + 5 Std. Kühlzeit

500 g Pfirsiche • 1 Biozitrone • 1 Packung Vanillezucker • 100 g Zucker • 100 ml Wasser • 4 EL Weinbergpfirsichlikör

- Pfirsiche an der Unterseite kreuzweise einritzen, kurz mit kochendem Wasser überbrühen, in kaltem Wasser abschrecken und Schale abziehen. Fruchtfleisch vom Stein lösen und fein würfeln. Anschließend fein pürieren, in eine flache Auflaufform geben, mit Frischhaltefolie abdecken und für etwa 2 Std. in den Gefrierschrank geben.
- In der Zwischenzeit Saft der Zitrone auspressen und zusammen mit Vanillezucker, Zucker, Wasser und Likör in einem Topf 3–4 Min. zu einem Sirup einkochen lassen, anschließend abkühlen lassen.
- Sirup über das Pfirsichpüree laufen lassen, mit einem Teigschaber die gefrorene Schicht vom Rand lösen und Sirup unterheben. Das Ablösen der Schicht stündlich wiederholen, bis das Sorbet nach 4–5 Std. komplett gefroren ist.
- Mit 2 Esslöffeln Nocken formen und eiskalt genießen.

Nährwerte pro Portion
190 kcal • 1 g E • 0 g F • 42 g KH • 2 g B

» Pfirsichsorbet

kräftige Farbe und Geschmack

Schwedische Blaubeersuppe

Für 4 Portionen • geringer Eiweißanteil
25 Min.

800 g Blaubeeren, frisch • 1 Vanilleschote • 300 ml Apfelsaft • 100 ml Wasser • 30 g brauner Zucker • 1 Biozitrone • 1 EL Speisestärke • 100 ml Schlagsahne

- Heidelbeeren waschen, verlesen und in einem Sieb abtropfen lassen.

- Mark aus der Vanilleschote herauskratzen und zusammen mit Apfelsaft, Wasser und Zucker in einem Topf erhitzen. Heidelbeeren hinzufügen und 2–3 Min. köcheln lassen, bis der Zucker sich löst.

- Zitrone auspressen und Saft mit Speisestärke glatt rühren, anschließend unter ständigem Rühren mit einem Schneebesen zur Suppe in den Topf geben. Kurz aufkochen lassen.

- Sahne auf höchster Stufe mit einem Handrührgerät halb steif schlagen. Blaubeersuppe in Schalen füllen und mit einem Klecks Sahne servieren.

Nährwerte pro Portion
270 kcal • 2 g E • 10 g F • 42 g KH • 6 g B

gesunde Eiscreme

Nicecream mit Sommerbeeren

Für 4 Portionen • geringer Eiweißanteil
15 Min. + 10 Std. Kühlzeit

4 überreife Bananen • 250 g gemischte Beeren, z. B. Heidelbeeren, Himbeeren und Brombeeren • 200 g griechischer Joghurt, 2 % Fett (z. B. von Fage Total)

- Bananen in Scheiben schneiden und für mind. 10 Std. in den Gefrierschrank geben. Aus dem Gefrierschrank nehmen und etwa 1 Std. antauen lassen.

- Beeren waschen und auf einem Küchenkrepp abtrocknen lassen.

- Bananen zusammen mit 200 g Beeren und Joghurt in einem leistungsstarken Mixer zu einer cremigen Textur pürieren. 50 g der Beeren zur Seite stellen.

- In Dessertgläser füllen, mit den restlichen Beeren garnieren und eiskalt genießen.

Variante Bei Nicecream sind der Fantasie keine Grenzen gesetzt. Birne, Erdbeere, Waldmeister, Apfel, Nuss – alles ist möglich.

Nährwerte pro Portion
160 kcal • 5 g E • 1 g F • 29 g KH • 6 g B

winterliche Köstlichkeit

Gebackene Zimtpfirsiche

Für 4 Portionen • geringer Eiweißanteil
15 Min. + 30 Min. Backzeit

2 Pfirsiche • 2 TL Honig • 1 TL Zimt • 30 g brauner Zucker • 4 Flocken Butter • 2 EL Walnüsse

- Backofen auf 200 °C Ober- und Unterhitze vorheizen.

- Pfirsiche waschen, halbieren und Stein entfernen. Pfirsichhälften auf ein Backblech legen und mit Honig einpinseln. Zimt und Zucker in einer kleinen Schüssel mischen.

- Auf jede Pfirsichhälfte eine Flocke Butter geben und mit der Zimt-Zucker-Mischung bestreuen. Anschließend in den Backofen geben und 25–30 Min. backen.

- Walnüsse grob hacken und vor dem Servieren über die Pfirsiche streuen.

Nährwerte pro Portion
160 kcal • 1 g E • 10 g F • 16 g KH • 2 g B

» Nicecream mit Sommerbeeren

gelingt leicht

Kaki-Schokopudding

Für 4 Portionen • geringer Eiweißanteil
15 Min. + 30 Min. Kühlzeit

3 reife Kakifrüchte • 50 g Backkakao, ungezuckert • 8 EL Schlagsahne • 4 Minzblätter

- Kakifrüchte schälen, in Würfel schneiden und zusammen mit dem Kakao fein pürieren.

- Sahne mit einem Handrührgerät auf höchster Stufe steif schlagen, anschließend vorsichtig unter das Kaki-Schokopüree heben.

- In Dessertgläser füllen und 30 Min. kalt stellen. Währenddessen Minze waschen und abschütteln.

- Kaki-Schokopudding mit Minze garnieren und kalt servieren.

Nährwerte pro Portion
200 kcal • 4 g E • 9 g F • 22 g KH • 7 g B

So schmeckt Weihnachten

Zimtparfait mit Lebkuchensoße

Für 4 Portionen • geringer Eiweißanteil
25 Min. + 4 Std. Kühlzeit

3 Eigelb • 100 g Zucker • 1 TL Zimt • 1 ½ Becher Schlagsahne • 70 g Zartbitterschokolade • Lebkuchengewürz

- Eigelb mit Zucker schaumig schlagen, bis die Masse hell und cremig ist. Zimt unterrühren. 1 Becher Sahne auf höchster Stufe mit einem Handrührgerät steif schlagen und unter die Zimtcreme rühren.

- Creme in Förmchen füllen und für mind. 4 Std. in den Gefrierschrank stellen.

- Schokolade grob hacken und im Wasserbad schmelzen. ½ Becher Sahne aufkochen, flüssige Schokolade unterrühren und mit Lebkuchengewürz abschmecken.

- Parfait auf einen Teller stürzen und mit heißer Lebkuchensoße servieren.

Nährwerte pro Portion
535 kcal • 7 g E • 41 g F • 37 g KH • 2 g B

leichte Erfrischung

Kalte Melonen-Gurken-Suppe

Für 4 Portionen • geringer Eiweißanteil
25 Min. + 30 Min. Kühlzeit

1 kleine Netzmelone • 1 kleine Honigmelone • 2 Bioorangen • ½ Salatgurke • 75 g brauner Zucker • 1 Biozitrone • 150 ml Wasser • 2 TL Agar-Agar • 150 g Himbeeren • 1 Zweig Minze

- Melonen halbieren, entkernen und Fruchtfleisch würfeln. Orangen waschen, etwas Schale abreiben und den Saft auspressen. Gurke waschen, schälen und würfeln.

- Melonenwürfel, Schale und Saft der Orangen zusammen mit Gurke und Zucker pürieren.

- Zitrone auspressen und Saft zusammen mit Wasser in einem Topf erhitzen. Agar-Agar im heißen Zitronenwasser auflösen und unter das Melonen-Gurken-Püree rühren. Melonen-Gurken-Suppe etwa 30 Min. im Kühlschrank ziehen lassen.

- Himbeeren und Minze waschen, Minze abschütteln und Blätter abzupfen. Die erkaltete Suppe mit Himbeeren und Minzblättern garnieren.

Nährwerte pro Portion
215 kcal • 3 g E • 1 g F • 45 g KH • 7 g B

für die ganze Familie

Beeriger Hirseauflauf mit Tonkabohne

Für 4 Portionen • mäßiger Eiweißanteil
30 Min. + 25 Min. Backzeit

280 g Hirse • ½ Dose Kokosmilch • 450 ml Wasser • 1 Bio-orange • 500 g Magerquark • 3 EL Honig • Tonkabohne, frisch gerieben • 1 EL Kokosöl • 350 g gemischte Beeren, TK • 3 EL Kokosraspel • 2 EL Pistazienkerne

- Backofen auf 175 °C Ober- und Unterhitze vorheizen.
- Hirse in einem Sieb gründlich abspülen. Kokosmilch und Wasser in einem großen Topf zum Kochen bringen, Hirse einstreuen und zugedeckt bei mittlerer Hitze quellen lassen.
- Orange waschen, etwa 1 EL Schale abreiben, Saft auspressen. Hirse mit Orangenschale und -saft, Quark und Honig mischen, mit Tonkabohne abschmecken.
- Auflaufform mit Kokosöl einfetten und Hirseteig einfüllen, Beeren darauf verteilen, mit Kokosraspeln bestreuen. Dann den Auflauf 20–25 Min. backen.
- Währenddessen Pistazienkerne grob hacken, vor dem Servieren über den Auflauf streuen.

Nährwerte pro Portion
490 kcal • 22 g E • 20 g F • 52 g KH • 9 g B

Müsliriegel selbst gemacht

Knusper-Schokoladen-Müsliriegel

Für etwa 20 Stück • geringer Eiweißanteil
15 Min. + 30 Min. Backzeit

75 g Quinoa, gepufft • 125 g Vollkornhaferflocken, kernig oder zart • 40 g Kokosflocken • 50 g Mandeln, gestiftelt • 30 g Backkakao, ungezuckert • 100 g Cornflakes, ungesüßt • 2 Eiweiß • 3 EL Kokosöl • 2 EL Honig • ½ TL Zimt • 1 Prise Salz

- Backofen auf 200 °C Ober- und Unterhitze vorheizen.
- Quinoa zusammen mit Haferflocken, Kokosflocken, Mandelstiften, Kakao und Cornflakes in einer Schüssel gut vermischen.
- Eiweiß steif schlagen. Kokosöl, Honig, Zimt und Salz unter das Eiweiß mischen. Eiermischung nun unter die trockenen Müslizutaten mischen, bis alle Zutaten mit Eiweiß benetzt sind.
- Müslimasse in eine rechteckige Backform geben und festdrücken, beispielsweise mit viel Druck mit der Unterseite eines Glases, anschließend 25–30 Min. backen.
- Aus der Form herausnehmen und noch warm in beliebig große Riegel schneiden.

Nährwerte pro Stück
110 kcal • 3 g E • 5 g F • 12 g KH • 2 g B

preisgünstig und gelingt leicht

Kartoffelkekse

Für etwa 30 Stück • geringer Eiweißanteil

15 Min. + 20 Min. Garzeit + 40 Min. Backzeit

600 g Kartoffeln, mehligkochend • 100 g Dinkelmehl Type 1050 • 1 EL Olivenöl • 2 EL Schnittlauch, getrocknet • Salz • schwarzer Pfeffer • Muskatnuss, frisch gerieben

- Kartoffeln schälen, waschen und in Würfel schneiden. Wasser in einem Topf zum Kochen bringen und Kartoffelwürfel in etwa 20 Min. weich garen, anschließend Wasser abschütten und Kartoffeln mit einem Kartoffelstampfer zerkleinern, abkühlen lassen.

- Backofen auf 180 °C Ober- und Unterhitze vorheizen.

- Mehl, Olivenöl und Schnittlauch zur Kartoffelmasse geben und zu einem Teig kneten. Mit Salz, Pfeffer und Muskatnuss abschmecken.

- Teig zu einer Rolle formen und in fingerdicke Scheiben schneiden. Auf ein mit Backpapier ausgelegtes Backblech legen und auf mittlerer Schiene in 40 Min. goldgelb backen.

Nährwerte pro Stück

30 kcal 1 g E • 1 g F • 5 g KH • 1 g B

schnelle Energie für zwischendurch

Dattel-Himbeer-Energyballs

Für etwa 20 Stück • geringer Eiweißanteil

15 Min. + 1 Std. Einweichzeit + 1 Std. Kühlzeit

200 g Datteln, entsteint • 100 g Haferflocken, zart • 125 g Himbeeren, frisch • 50 g Cashewmus • 5 g Chiasamen • 40 g Kokosraspel

- Datteln etwa 1 Std. in lauwarmem Wasser einweichen.

- Datteln zusammen mit Haferflocken, Himbeeren, Cashewmus, Chiasamen und der Hälfte der Kokosraspel in einem Mixer zerkleinern, bis eine klebrige Masse entsteht.

- Aus dem Teig etwa 20 Bällchen formen und in Kokosraspeln wälzen.

- 1–2 Stunden im Kühlschrank ziehen lassen, bis die Bällchen etwas fester sind.

Tipp Luftdicht verschlossen sind sie etwa 1 Woche im Kühlschrank haltbar.

Nährwerte pro Portion

80 kcal • 2 g E • 3 g F • 11 g KH • 2 g B

preisgünstig und lecker

Bananen-Haferflocken-Cookies

Für etwa 15 Stück • geringer Eiweißanteil

10 Min. + 20 Min. Backzeit

2 reife Bananen • 125 g Haferflocken, zart • 2 EL Milch 1,5 % Fett • 1 TL Rapsöl • 20 g gehackte Mandeln • optional: Zimt

- Backofen auf 175 °C Ober- und Unterhitze vorheizen.

- Bananen schälen und mit einer Gabel zerdrücken. Haferflocken, Milch, Rapsöl und Mandeln (ggf. Zimt) hinzufügen und alle Zutaten zu einem glatten Teig verrühren.

- Je 1 Esslöffel Teig pro Keks auf ein mit Backpapier ausgelegtes Backblech setzen, etwas flach drücken und in 15–20 Min. auf der mittleren Schiene goldgelb backen.

Tipp Die Kekse halten sich durch den hohen Flüssigkeitsanteil nicht so lange. Aber eingefroren und im Ofen bei 100 °C aufgebacken, schmecken sie auch später noch köstlich.

Nährwerte pro Portion

60 kcal • 2 g E • 2 g F • 9 g KH • 1 g B

» Bananen-Haferflocken-Cookies

Backen

klassisch köstlich

Saftiger Marmorkuchen

Für 20 Scheiben • geringer Eiweißanteil
25 Min. + 1 Std. Backzeit

250 g weiche Butter • 250 g Rohrzucker • Tonkabohne, frisch gerieben • 5 Eier • 450 g Dinkelmehl Type 630 • 1 Packung Backpulver • 100 ml Milch 1,5 % Fett • 50 ml Sprudelwasser • 100 g Zartbitterschokolade • 50 g Backkakao, ungezuckert • 20 g Puderzucker • Butter für die Form

- Backofen auf 180 °C Ober- und Unterhitze vorheizen.

- Butter, Zucker und Tonkabohne in eine große Schüssel geben und etwa 1 Min. mit dem Handrührgerät aufschlagen. Mehl und Backpulver in die Schüssel zur Buttermasse geben und zu einem glatten Teig rühren. Milch und Sprudelwasser hinzufügen und gut verrühren. Hälfte des Teigs in eine gebutterte Kastenform geben.

- Schokolade im Wasserbad schmelzen und zusammen mit Kakao unter die verbliebene Hälfte des Teigs rühren. Anschließend auf dem hellen Teig verteilen und mit einer Gabel spiralförmig ein Marmormuster in den Teig ziehen.

- Kuchen auf der mittleren Schiene 50–60 Min. backen, eventuell mit einem Holzstäbchen prüfen, ob der Kuchen durchgebacken ist.

- Kuchen in der Kastenform auskühlen lassen und anschließend stürzen.

- Vor dem Servieren mit Puderzucker bestreuen.

Nährwerte pro Scheibe
275 kcal • 5 g E • 14 g F • 32 g KH • 2 g B

vegan und ganz ohne zusätzlichen Zucker

Bananenbrot

Für 20 Scheiben • geringer Eiweißanteil
20 Min. + 50 Min. Backzeit

3 überreife Bananen • 100 ml Haferdrink • 80 ml Rapsöl • 2 EL Mandelmus • 310 g Dinkelmehl Type 630 • 2 TL Backpulver • 1 Prise Salz • 2 TL Zimt • 1 reife Banane zum Garnieren • 4 EL Walnüsse

- Backofen auf 180 °C Ober- und Unterhitze vorheizen.

- 3 überreife Bananen in einer Schüssel mit einer Gabel zerdrücken und zusammen mit Haferdrink, Öl und Mandelmus zu einem glatten Teig rühren.

- Walnüsse hacken und zusammen mit Mehl, Backpulver, Salz und Zimt mischen und Bananenmus vorsichtig unterheben.

- Teig in eine gefettete Kastenform geben und glatt streichen. Reife Banane schälen, der Länge nach halbieren und mit der Schnittseite nach oben auf den Teig in die Kastenform geben.

- Bananenbrot auf mittlerer Schiene etwa 50 Min. backen. Evtl. eine Stäbchenprobe machen. Anschließend aus dem Backofen nehmen und in der Form auskühlen lassen.

- Bananenbrot in Scheiben schneiden und noch warm servieren.

Tipp Etwas Erdnussbutter auf einer Scheibe Bananenbrot schmeckt köstlich.

Nährwerte pro Portion
135 kcal • 3 g E • 6 g F • 17 g KH • 1 g B

eine italienische Liebeserklärung

Dinkelfocaccia mit Tomaten

Für 4 Portionen • mäßiger Eiweißanteil

25 Min. + 2 Std. Gehzeit + 30 Min. Backzeit

- 500 g Dinkelmehl Type 630
- 10 g Salz
- 1 Würfel Hefe, frisch
- 50 ml Olivenöl
- 310 ml Wasser
- 10 Cherrytomaten
- 2 EL Oregano, getrocknet

● In einer großen Schüssel Mehl und Salz mischen. In einer zweiten Schüssel Hefe in kaltem Wasser auflösen und zusammen mit Olivenöl zum Mehl und Salz in die Schüssel geben. Mit einem Holzlöffel den Teig verrühren, bis alles Mehl gebunden ist.

● Schüssel mit einem Baumwolltuch abdecken und Teig etwa 20 Min. bei Zimmertemperatur gehen lassen. Anschließend auf eine saubere Arbeitsfläche geben und Teig falten, d. h. lang ziehen und die Ecken immer wieder in die Mitte umschlagen. Der Teig muss klebrig sein. Wenn möglich, sollte kein Mehl mehr hinzugefügt werden. Teig zu einer Kugel formen und in einer leicht bemehlten Schüssel 1 Std. zugedeckt an einem warmen Ort gehen lassen.

● Teig auf ein mit Backpapier ausgelegtes Backblech stürzen und flach drücken, bis er 0,5–1 cm hoch ist. Abdecken und nochmals 30 Min. an einem warmen Ort gehen lassen.

● Währenddessen Backofen auf 250 °C Ober- und Unterhitze vorheizen.

● Tomaten waschen und halbieren, mit der Schnittseite nach oben in den Teig drücken. Hitze im Backofen auf 220 °C reduzieren, Focaccia auf der mittleren Schiene etwa 30 Min. backen, bis der Teig goldgelb ist.

● Focaccia aus dem Backofen nehmen und auf einem Gitter abkühlen lassen, noch warm mit Olivenöl bepinseln und mit Oregano bestreuen.

Nährwerte pro Portion

570 kcal • 17 g E • 15 g F • 90 g KH • 6 g B

köstliche Kombination

Avocado-Limetten-Kuchen

Für 20 Scheiben • geringer Eiweißanteil
25 Min. + 1 Std. Backzeit

- 1 große reife Avocado
- 1 TL Zitronensaft
- 1 Vanilleschote
- 215 g weiche Butter
- 175 g Zucker
- 1 Prise Salz
- 4 Eier
- 350 g Dinkelmehl Type 630
- 1 Packung Backpulver
- 50 g gemahlene Mandeln
- 50 ml Milch 1,5 % Fett
- 1 Biolimette
- 250 g Puderzucker

● Backofen auf 180 °C Ober- und Unterhitze vorheizen.

● Avocado halbieren, entkernen und Fruchtfleisch mit einem Löffel herauslösen. Zitronensaft und Avocado fein pürieren. Vanilleschote halbieren und Mark herauskratzen.

● Butter, Zucker, Vanille und Salz mit einem Handrührgerät auf der höchsten Stufe schaumig schlagen, bis der Zucker gelöst ist. Währenddessen Eier nacheinander dazugeben.

● Mehl, Backpulver und Mandeln in einer großen Schüssel mischen, Avocadopüree, Butter-Zucker-Masse und Milch hinzufügen und vorsichtig unterheben.

● Teig in eine gefettete Kastenform geben und glatt streichen, anschließend auf der mittleren Schiene etwa 1 Std. backen. Nach etwa 40 Min. den Kuchen mit Alufolie abdecken. Evtl. eine Stäbchenprobe machen. Kuchen aus dem Backofen nehmen, vorsichtig aus der Kastenform stürzen und auf einem Gitter abkühlen lassen.

● Limette gründlich waschen, Saft auspressen und Schale beiseitelegen, nicht wegwerfen. Limettensaft mit Puderzucker glatt rühren und Kuchen mit Guss überziehen. Limettenschale auf den noch nassen Guss reiben.

Nährwerte pro Portion
285 kcal • 5 g E • 14 g F • 36 g KH • 1 g B

schmeckt auch ohne Belag

Kartoffelbrot mit Leinsamen und Sonnenblumenkernen

Für 20 Scheiben • geringer Eiweißanteil
25 Min. + 1 Std. Gehzeit + 1 Std. Backzeit

300 g Kartoffeln, mehligkochend • ½ Würfel Hefe, frisch • 175 ml Wasser • 300 g Dinkelmehl Type 630 • 300 g Dinkelmehl Type 1050 • 5 EL Olivenöl • 1 Ei • 1 TL Honig • 2 TL Salz • 5 EL Leinsamen • 4 EL Sonnenblumenkerne

- Kartoffeln schälen, waschen und in Würfel schneiden, anschließend in einem Topf mit kochendem Wasser weich garen. Kartoffeln abschütten und erkalten lassen. Kartoffeln in eine große Schüssel geben und mit einer Gabel zerdrücken.

- Hefe in einer kleinen Schüssel im Wasser auflösen und zusammen mit Mehl, Olivenöl, Ei, Honig, Salz, Leinsamen und Sonnenblumenkernen zu den zerdrückten Kartoffeln in die Schüssel geben und zu einem Teig kneten. Teig zugedeckt in der Schüssel etwa 1 Std. an einem warmen Ort gehen lassen.

- Backofen auf 220 °C Ober-Unterhitze vorheizen und eine Auflaufform mit kaltem Wasser auf der untersten Schiene platzieren.

- Teig aus der Schüssel nehmen, zu einem Brotlaib formen und auf einem mit Backpapier ausgelegten Backblech auf der mittleren Schiene etwa 1 Std. backen.

- Auf einem Gitter vollständig abkühlen lassen.

Nährwerte pro Portion
155 kcal • 5 g E • 5 g F • 21 g KH • 2 g B

schnell gemacht

Kartoffel-Zwiebel-Stangen

Für etwa 15 Stück • geringer Eiweißanteil
10 Min. + 20 Min. Garzeit + 20 Min. Backzeit

300 g Kartoffeln, mehligkochend • 1 große Zwiebel • 3 EL Olivenöl • 160 g Speisestärke • 1 EL Backpulver • Salz • schwarzer Pfeffer • optional: Kümmel, getrocknete Kräuter

- Kartoffeln schälen, grob würfeln und 15–20 Min. in kochendem Salzwasser weich garen. Kartoffeln abgießen und mit dem Kartoffelstampfer fein zerkleinern, anschließend abkühlen lassen.

- Zwiebel schälen, fein hacken und in einer heißen Pfanne mit 2 EL Olivenöl kurz anbraten. Ebenfalls abkühlen lassen.

- Backofen auf 180 °C Ober- und Unterhitze vorheizen.

- Kartoffeln zusammen mit Zwiebeln, Speisestärke, Backpulver, 1 EL Olivenöl, Salz und Pfeffer (ggf. Kümmel oder getrockneten Kräutern) zu einem Teig verarbeiten und daraus 15 etwa 10 cm lange Stangen formen.

- Kartoffelstangen auf ein mit Backpapier ausgelegtes Backblech legen, mit etwas Wasser bestreichen und etwa 20 Min. auf der mittleren Schiene backen.

Nährwerte pro Stück
65 kcal • 1 g E • 1 g F • 13 g KH • 1 g B

» Kartoffelbrot mit Leinsamen und Sonnenblumenkernen

gesunde Zutaten für köstliche Brownies

Süßkartoffel-Brownies

Für 16 Brownies • geringer Eiweißanteil

20 Min. + 15 Min. Garzeit + 40 Min. Backzeit

500 g Süßkartoffel • 100 g Zartbitterschokolade • 4 EL Honig • 5 EL Dinkelmehl Type 630 • 6 EL Backkakao, ungezuckert • 150 g gemahlene Mandeln • 2 EL Kokosöl oder Rapsöl • 1 Prise Salz • ½ TL gemahlener Zimt

- Süßkartoffeln schälen, waschen und in Würfel schneiden. Wasser in einem Topf erhitzen und Süßkartoffel in 10–15 Min. weich garen. Wasser abschütten, Kartoffel abkühlen lassen und mit einem Pürierstab fein pürieren. Schokolade grob hacken.

- Backofen auf 180 °C Ober- und Unterhitze vorheizen und eine quadratische Springform mit Backpapier auslegen.

- Erkaltetes Süßkartoffelpüree zusammen mit Honig, Mehl, Backkakao, Mandeln, Öl, Salz und Zimt in einer großen Schüssel zu einem glatten Teig rühren, in die Backform geben, mit Schokolade bestreuen und etwa 40 Min. auf der mittleren Schiene backen.

- Kuchenplatte abkühlen lassen, in Stücke schneiden und Brownies noch leicht warm servieren.

Nährwerte pro Portion

155 kcal • 4 g E • 9 g F • 12 g KH • 3 g B

« Süßkartoffel-Brownies

kleine Lieblinge für zwischendurch

Dinkelstangen

Für etwa 20 kleine Stangen • geringer Eiweißanteil

20 Min. + 25 Min. Backzeit

1 sehr reife Banane • 1 kleiner Apfel • 50 ml Rapsöl • 220 g Dinkelmehl Type 630 • optional: ½ TL Zimt, 1 TL Honig

- Backofen auf 180 °C Ober- und Unterhitze vorheizen.

- Banane in einer Schüssel mit einer Gabel zerdrücken. Apfel waschen, Kerngehäuse entfernen und Apfel zur Banane in die Schüssel raspeln. Öl und Mehl (Zimt, Honig) hinzufügen und zu einem glatten Teig verkneten.

- Aus dem Teig lange Rollen formen, mit einem scharfen Messer längliche Stangen abschneiden und die Enden zu einer kleinen Spitze formen. Auf einem mit Backpapier ausgelegten Backblech etwa 25 Min. backen.

- Dinkelstangen vollständig erkalten lassen.

Tipp Die Dinkelstangen lassen sich super einfrieren und sind so lange haltbar.

Nährwerte pro Portion

65 kcal • 1 g E • 3 g F • 10 g KH • 1 g B

raffinierte Leckerei

Zimtbrötchen mit Pflaumensahne

Für 8 Brötchen • geringer Eiweißanteil

20. + 1 Std. 20 Min. Gehzeit + 20 Min. Backzeit

- 300 g Dinkelmehl Type 630
- 20 g Zucker
- 1 Packung Vanillezucker
- 1 TL Zimt
- 1 Packung Trockenhefe
- 1 Prise Salz
- 150 ml Milch
- 50 g weiche Butter
- 1 Becher Schlagsahne
- 3 EL Pflaumenmus

● Trockene Zutaten in einer großen Schüssel mischen, Milch in einem Topf lauwarm erhitzen, zusammen mit Butter ebenfalls in die Schüssel geben und vorsichtig zu einem glatten Teig kneten, anschließend Teig 30 Min. ruhen lassen.

● Teig nach dem Ruhen nochmals durchkneten und, mit einem sauberen Tuch abgedeckt, in der Schüssel 40 Min. an einem warmen Ort gehen lassen.

● Teig auf eine bemehlte Fläche geben und in 8 etwa gleich große Teiglinge teilen, zu runden Brötchen formen und auf einem mit Backpapier ausgelegten Backblech mit etwas Abstand zueinander platzieren. Brötchen abgedeckt nochmals 15–20 Min. gehen lassen.

● Währenddessen Backofen auf 180 °C Ober- und Unterhitze vorheizen.

● Backblech mit Brötchen ohne Tuch in den Backofen geben und etwa 20 Min. backen, bis sie goldgelb sind.

● Sahne in einem hohen Gefäß steif schlagen, Pflaumenmus vorsichtig unterheben und noch warme Zimtbrötchen mit einem Klecks Pflaumensahne servieren.

Tipp Die Milch darf nicht heiß sein, sonst stirbt die Hefekultur ab und der Teig geht nicht auf.

Nährwerte pro Brötchen

285 kcal • 6 g E • 14 g F • 33 g KH • 1 g B

Mandeln in ihrer leckersten Form

Weihnachtliche Cantuccini

Für etwa 30 Stück • geringer Eiweißanteil
25 Min. + 1 Std. Backzeit

200 g ganze Mandeln mit Schale • 180 g Dinkelmehl Type 630 • 150 Zucker • ½ TL Zimt • ½ TL Kardamom, gemahlen • 2 Eier • ½ TL Backpulver • 1–2 Packung Vanillezucker

- Backofen auf 180 °C Ober- und Unterhitze vorheizen. Etwa ¾ der Mandeln grob hacken.

- Mehl, Zucker, Zimt und Kardamom zusammen mit den gehackten und den ganzen Mandeln in einer Schüssel vermischen. In einer kleinen Schüssel Eier verquirlen und zusammen mit Backpulver zur Mehl-Zucker-Mandel-Mischung geben und gut durchkneten.

- Teig zu 2 etwa 5 cm dicken Teigrollen formen, auf ein mit Backpapier ausgelegtes Backbleck legen und mit etwas Vanillezucker bestreuen. Etwa 15 Min. auf der mittleren Schiene im Backofen backen.

- Teigrollen aus dem Backofen holen, kurz abkühlen lassen und schräg in etwa 2 cm dicke Scheiben schneiden. Cantuccini anschließend mit der Schnittseite nach unten auf das Backpapier legen und bei 150 °C in 20–30 Min. fertig backen. Cantuccini auf einem Gitter vollständig auskühlen lassen.

Nährwerte pro Portion

110 kcal • 5 g E • 5 g F • 11 g KH • 1 g B

Quellenangaben

Affiris AG. A Randomized, Placebo-controlled, Parallel Group, Patient-blinded, Multi-center, Phase I Pilot Study to Assess Tolerability and Safety of Two Doses of AFFITOPE® PD03A Formulated With Adjuvant to Patients With Early Parkinson's Disease [Internet]. https://pubmed.ncbi.nlm.nih.gov/32562684/; Stand: 19.07.2021

Ambani LM, Van Woert MH. Start hesitation–a side effect of long-term levodopa therapy. N Engl J Med. 1973 May 24;288(21):1113–1115.

Berg D, Postuma RB, Adler CH, Bloem BR, Chan P, Dubois B, et al. MDS research criteria for prodromal Parkinson's disease. Mov Disord Off J Mov Disord Soc. 2015 Oct;30(12):1600–1611.

Borghammer P, Van Den Berge N. Brain-First versus Gut-First Parkinson's Disease: A Hypothesis. J Park Dis. 2019;9(s2):281–295.

Braak H, Del Tredici K, Rüb U, de Vos RAI, Jansen Steur ENH, Braak E. Staging of brain pathology related to sporadic Parkinson's disease. Neurobiol Aging. 2003 Apr;24(2):197–211.

Charcot J-M. On Paralysis Agitans (lecture V). In: Lectures on the Diseases of the Nervous System. London: New Sydenham Society; 1877. p. 129–156.

Chaudhuri KR, Healy DG, Schapira AH. Non-motor symptoms of Parkinson's disease: diagnosis and management. Lancet Neurol. 2006 Mar;5(3):235–245.

Corcos DM, Robichaud JA, David FJ, Leurgans SE, Vaillancourt DE, Poon C, et al. A two-year randomized controlled trial of progressive resistance exercise for Parkinson's disease: Progressive Resistance Exercise in PD. Mov Disord. 2013 Aug;28(9):1230–1240.

de Lau LML, Breteler MMB. Epidemiology of Parkinson's disease. Lancet Neurol. 2006 Jun;5(6):525–535.

Elfil M, Kamel S, Kandil M, Koo BB, Schaefer SM. Implications of the Gut Microbiome in Parkinson's Disease. Mov Disord Off J Mov Disord Soc. 2020 Jun;35(6):921–933.

Fahn S, Poewe W. Levodopa: 50 years of a revolutionary drug for Parkinson disease. Mov Disord Off J Mov Disord Soc. 2015 Jan;30 (1):1–3.

Fahn S. The medical treatment of Parkinson disease from James Parkinson to George Cotzias. Mov Disord Off J Mov Disord Soc. 2015 Jan;30(1):4–18.

GBD 2016 Parkinson's Disease Collaborators. Global, regional, and national burden of Parkinson's disease, 1990–2016: a systematic analysis for the Global Burden of Disease Study 2016. Lancet Neurol. 2018 Nov;17(11):939–953.

https://www.gf-biofaktoren.de/fileadmin/gfbiofaktoren/news/2021/Vitamin-B12_Parkinson.pdf; Stand: 22.09.2021

https://www.beckundpartner.de/de/aktuelles/ernaehrungsratgeber-parkinson.html; Stand: 22.09.2021

https://www.ndr.de/ratgeber/gesundheit/Resistente-Staerke-Gut-fuer-den-Darm,staerke100.html; Stand: 22.09.2021

Heinzel S, Berg D, Binder S, Ebersbach G, Hickstein L, Herbst H, et al. Do We Need to Rethink the Epidemiology and Healthcare Utilization of Parkinson's Disease in Germany? Front Neurol. 2018 Jun 29;9:500.

Holdorff B. Friedrich Heinrich Lewy (1885–1950) and his work. J History Neurosci. 2002;11:19–28.

Hughes AJ, Daniel SE, Kilford L, Lees AJ. Accuracy of clinical diagnosis of idiopathic Parkinson's disease: a clinico-pathological study of 100 cases. J Neurol Neurosurg Psychiatry. 1992;55(3):181.

Johnson ME, Stecher B, Labrie V, Brundin L, Brundin P. Triggers, Facilitators, and Aggravators: Redefining Parkinson's Disease Pathogenesis. Trends Neurosci. 2019 Jan; 42(1): 4–13.

Kang UJ, Auinger P, Parkinson Study Group ELLDOPA Investigators. Activity enhances dopaminergic long-duration response in Parkinson disease. Neurology. 2012 Apr 10;78(15):1146–1149.

Keus S, Munneke M, Graziano M. Europäische Physiotherapie-Leitlinie beim idiopathischen Parkinson-Syndrom (2014). Im Internet: www.parkinsonnet.info/euguideline; Stand: 27.07.2021

Li F, Harmer P, Fitzgerald K, Eckstrom E, Stock R, Galver J et al. Tai chi and postural stability in patients with Parkinson's disease. N Engl J Med. 2012 Feb 9;366(6):511–519.

Heinzel S, Berg D, Binder S et al. Do We Need to Rethink the Epidemiology and Healthcare Utilization of Parkinson's Disease in Germany? Front Neurol. 2018;9:500.

Nyholm D, Hellström PM. Effects of Helicobacter pylori on Levodopa Pharmacokinetics. J Park Dis. 2021;11(1):61–69.

Parkinson J. An essay on the shaking palsy. 1817. J Neuropsychiatry Clin Neurosci. 2002 Spring;14(2):223–236; discussion 222.

Postuma RB, Berg D, Stern M, Poewe W, Olanow CW, Oertel W, et al. MDS clinical diagnostic criteria for Parkinson's disease. Mov Disord Off J Mov Disord Soc. 2015 Oct;30(12):1591–1601.

Romagnolo A, Merola A, Artusi CA et al. Levodopa-Induced Neuropathy: A Systematic Review. Mov Disord Clin Pract. 2018 Nov 8;6 (2):96–103.

Scheperjans F, Derkinderen P, Borghammer P. The Gut and Parkinson's Disease: Hype or Hope? J Park Dis. 2018;8(s1):31–39.

van der Kolk NM, de Vries NM, Kessels RPC, Joosten H, Zwinderman AH, Post B, et al. Effectiveness of home-based and remotely supervised aerobic exercise in Parkinson's disease: a double-blind, randomised controlled trial. Lancet Neurol. 2019 Nov;18(11):998–1008.

Wahrburg U, Egert S. Die große Wahrburg/Egert Kalorien- & Nährwerttabelle. 5. Aufl. Stuttgart: TRIAS; 2018.

Walter P. Grundlagen der Ernährung – Biochemie/Stoffwechsel (Skript).

WHO Model Lists of Essential Medicines. https://www.who.int/groups/expert-committee-on-selection-and-use-of-essential-medicines/essential-medicines-lists; Stand: 27.07.2021

WHO. Physical activity. Im Internet: https://www.who.int/news-room/fact-sheets/detail/physical-activity; Stand: 27.07.2021

Rezept- und Zutatenverzeichnis

Sachverzeichnis

Liebe Leserin, lieber Leser,

hat Ihnen dieses Buch weitergeholfen? Für Anregungen, Kritik, aber auch für Lob sind wir offen.
So können wir in Zukunft noch besser auf Ihre Wünsche eingehen.
Schreiben Sie uns, denn Ihre Meinung zählt!

Ihr TRIAS Verlag

https://kundenservice.thieme.de | Lektorat TRIAS Verlag, Postfach 30 05 04, 70445 Stuttgart

/trias.tut.mir.gut /mama.mag.trias /trias_verlag /triasverlag www.trias-verlag.de/newsletter

Bibliografische Information der Deutschen Nationalbibliothek
Die Deutsche Nationalbibliothek verzeichnet diese Publikation in der Deutschen Nationalbibliografie; detaillierte bibliografische Daten sind im Internet über http://dnb.d-nb.de abrufbar.

Programmplanung: Uta Spieldiener
Projektmanagement: Annalena Müller
Redaktion: Dr. Gabriele Schweickhardt, Frankfurt/M.
Bildredaktion: Christoph Frick, Caroline Merdian
Umschlaggestaltung: © Thieme
Layout: CYCLUS · Visuelle Kommunikation, Stuttgart

Umschlagfoto: © HLPhoto/stock.adobe.com
Autorinnenfoto Julia König: Melissa Bungatz
Fotos im Innenteil:
Rezeptfotos S. 2/3, S. 8/9, S. 46, S. 54, S. 61, S. 68, S. 80, S. 89, S. 92, S. 116: Meike Bergmann, Berlin; S. 76: Anke Schütz, Buxtehude; alle weiteren Rezeptfotos: Stefanie Bütow, Hamburg
Foto S. 34: © Susan-B.D/stock.adobe.com
Foto S. 40: © aamulya/stock.adobe.com
Abbildung S. 11: Klinik und Poliklinik für Nuklearmedizin; Klinikum der Universität München
Zeichnungen S. 14, S. 15: Christine Lackner, Ittlingen

1. Auflage 2022

TRIAS Verlag in Georg Thieme Verlag KG
Rüdigerstraße 14, 70469 Stuttgart, Germany
www.trias-verlag.de

Printed in Germany

Satz und Repro: Ziegler und Müller, Kirchentellinsfurt
Druck: AZ Druck und Datentechnik GmbH, Kempten

Gedruckt auf chlorfrei gebleichtem Papier

ISBN 978-3-432-11494-1

Auch erhältlich als E-Book:
eISBN (ePUB) 978-3-432-11495-8

Wichtiger Hinweis: Wie jede Wissenschaft ist die Medizin ständigen Entwicklungen unterworfen. Forschung und klinische Erfahrung erweitern unsere Erkenntnisse. Ganz besonders gilt das für die Behandlung und die medikamentöse Therapie. Bei allen in diesem Werk erwähnten Dosierungen oder Applikationen, bei Rezepten und Übungsanleitungen, bei Empfehlungen und Tipps dürfen Sie darauf vertrauen: Autoren, Herausgeber und Verlag haben große Sorgfalt darauf verwandt, dass diese Angabe dem Wissensstand bei Fertigstellung des Werkes entsprechen. Rezepte werden gekocht und ausprobiert. Übungen und Übungsreihen haben sich in der Praxis erfolgreich bewährt.

Eine Garantie kann jedoch nicht übernommen werden. Eine Haftung des Autors, des Verlags oder seiner Beauftragten für Personen-, Sach- oder Vermögensschäden ist ausgeschlossen.

Marken, geschäftliche Bezeichnungen oder Handelsnamen werden nicht in jedem Fall besonders kenntlich gemacht. Aus dem Fehlen eines solchen Hinweises kann nicht geschlossen werden, dass es sich um einen freien Handelsnamen handelt.

Wo datenschutzrechtlich erforderlich, wurden die Namen und weitere Daten von Personen redaktionell verändert (Tarnnamen). Dies ist grundsätzlich der Fall bei Patienten, ihren Angehörigen und Freunden, z. T. auch bei weiteren Personen, die z. B. in die Behandlung von Patienten eingebunden sind.

Thieme wendet sich gleichermaßen an Menschen jeder Geschlechtsidentität und nennt Autor*innen konkrete Beispiele, wie sie alle Lesenden gleichberechtigt ansprechen können. Die Ansprache aller Menschen ist ausdrücklich auch dort intendiert, wo im Text (etwa aus Gründen der Leseleichtigkeit, des Text-Umfangs oder des situativen Stil-Empfindens) z. B. nur ein generisches Maskulinum verwendet wird.

2 3 4 5 6

MIX
Papier | Fördert gute Waldnutzung
FSC® C008457

TRIAS, einer der führenden Ratgeberverlage im Bereich Gesundheit, gehört zur Thieme Gruppe, marktführender Anbieter medizinischer Fachinformationen und Services. Anspruch der Thieme Gruppe ist es, den im Gesundheitswesen tätigen Berufsgruppen sowie allen an Gesundheit Interessierten genau die Informationen und Angebote bereitzustellen, die sie in einer bestimmten Arbeitssituation oder Lebensphase benötigen. Durch die hohe Qualität und zielgruppenspezifische Relevanz der angebotenen Leistungen bereitet Thieme den Weg für eine bessere Medizin und mehr Gesundheit im Leben.

Thieme